Abdoul Aziz ISSA DAOUDA

# RÉCITS ÉPIQUES DU NIGER RÉÉCRITS TOME 1

Abdoul Aziz ISSA DAOUDA

# RÉCITS ÉPIQUES DU NIGER RÉÉCRITS TOME 1

Éditions Muse

**Imprint**
Any brand names and product names mentioned in this book are subject to trademark, brand or patent protection and are trademarks or registered trademarks of their respective holders. The use of brand names, product names, common names, trade names, product descriptions etc. even without a particular marking in this work is in no way to be construed to mean that such names may be regarded as unrestricted in respect of trademark and brand protection legislation and could thus be used by anyone.

Cover image: www.ingimage.com

Publisher:
Éditions Muse
is a trademark of
International Book Market Service Ltd., member of OmniScriptum Publishing Group
17 Meldrum Street, Beau Bassin 71504, Mauritius
Printed at: see last page
**ISBN: 978-620-2-29869-8**

**Abdoul Aziz ISSA DAOUDA**

# RÉCITS ÉPIQUES DU NIGER RÉÉCRITS

**BOUBOU ARDO GALO & SOMBO SOGA ET LOBBO SOGA**

**DJADO SÉKOU**

## PRÉAMBULE

En Occident comme en Afrique, le genre épique se rattache à une tradition orale transmise par des aèdes itinérants, conteurs, bardes ou troubadours qui racontent sur un fond d'accompagnement musical les hauts faits de héros légendaires.

Plus particulièrement dans l'aire culturelle songhay-zarma1 du Niger à laquelle appartiennent les textes réécrits présentés dans cet ouvrage, le récit épique est désigné par le vocable « deede » du verbe « deede yan» qui signifie « raconter ». Le terme Moolo est également employé aussi bien en langue songhay-zarma qu'en haoussa2, pour désigner indifféremment l'air musical produit par cet instrument et le récit proféré, tandis qu'en fulfulde3, on parlera de Hodu. L'épopée apparaît donc dans la littérature orale nigérienne à travers une combinaison d'un récit légendaire et d'un air de Moolo, auxquels s'ajoute l'imagination créatrice du griot qui l'enrichit et la transforme. Le récit épique puise ses sources dans l'histoire dont elle se distingue toutefois, car le souci des griots est de célébrer des valeurs en relatant des faits souvent très peu vraisemblables. En général, les faits sont toujours grossis par une imagination féconde. On peut dire avec justesse que les griots recréent l'histoire à leur manière grâce à l'art de l'affabulation et de l'inventivité. C'est cette mobilisation de ressources inventives, stylistiques et musicales qui valent à l'épopée nigérienne son statut d'œuvre d'art et de spectacle. De ce point de vue, le Deede ou récit épique songhay-zarma répond parfaitement à cette définition de Lylian Kesteloot : « L'épopée, c'est l'histoire que l'art a changé en poésie et que l'imagination a changé en légende. »

Les œuvres des maîtres paroliers, que sont Koulba Baba, Badjé Bannia, Boubacar dit Tinguidji, Djéliba Badjé, Djado Sékou, continuent de susciter un engouement certain auprès du public. Mais pour combien de temps encore ?

Aujourd'hui, les efforts des chercheurs[4] ont permis la transcription des textes et leur traduction française, cependant, le résultat spécifiquement destiné aux besoins de

---

[1] Les Songhay-Zarma occupent l'ouest du Niger, notamment les régions de Tillabéry, Niamey et Dosso.

[2] Le haoussa est la langue la plus parlée au Niger (56% de la population). Les Haoussas vivent dans le Centre et L'Est du Niger avec une aire culturelle étendue au Nigeria.

[3] Le fulfulde ou peul est la 3ème langue la plus parlée au pays (11,3% de la population). Les Peul sont disséminés sur tout le territoire nigérien.

[4] Outre l'immense travail de transcription et traduction de M. Ousmane Tandina publié, je travaille avec M. Yacouba Garba, doctorant à l'université de Ouagadougou sur une transcription/traduction de textes de Djado et de Djéliba.

l'analyse littéraire, ne saurait offrir au public le plaisir de l'audition d'un récit oral dont seuls nos bardes ont le secret.
Comment assurer à la jeunesse de demain le plaisir de la narration des récits épiques devant la disparition des maîtres de la narration orale ?

Les formes modernes peuvent suppléer la littérature orale, peut être pas avec la même efficacité, mais suffisamment généreuses pour garantir la survie des grandes œuvres de maîtres auprès du jeune public. Mon projet de réécriture des récits épiques du Niger s'inscrit dans la perspective d'offrir à la jeunesse, sous une forme romancée moderne, la possibilité de perpétuer le plaisir des grands textes épiques de nos artistes, plus proches d'eux. Même si la réécriture romanesque des récits épiques ne pourra jamais égaler les prouesses artistiques de nos « magiciens du verbe », elle permettra sans doute aux plus jeunes de conserver encore longtemps ce patrimoine littéraire grâce à la magie de l'écriture.

Deux premiers textes, tous deux appartenant au répertoire de Djado Sékou, ouvrent la voie à cette initiative portée par l'Université Abdou Moumouni qui l'a rendue possible :

## BOUBOU ARDO GALO

Boubou Ardo Galo est un guerrier peul possédant d'extraordinaires pouvoirs magiques. Animiste, il fait régner la terreur dans toute la zone soudanaise en défiant l'Islam et les marabouts. Dès lors, il apparaît aux yeux de tous comme un rebelle impie. Excédé par son comportement provocateur, Ahmadou Ahmadou, un puissant marabout de la cité sainte d'Hamdallaye qui consacre sa vie à la propagation de l'Islam, prend la ferme décision de le combattre. Dans un premier temps, il tente d'amadouer le guerrier en lui offrant en mariage sa fille Takadawaldé. Le marabout pensait ainsi pouvoir dompter Boubou Ardo Galo et le convertir à l'Islam, mais en vain. Ahmadou Ahmadou finit par se résoudre à combattre son gendre par les armes, mais il est défait et Boubou Ardo Galo le fait esclave. Dépitée, Takadawaldé décide de venger l'affront fait à son père en provoquant un affrontement entre son mari et le grand maître-marabout Alhadji Oumarou Foutiwou…

Le grand marabout pourchasse Boubou Ardo Galo jusqu'à Hamdallaye, la cité de son beau-père. Ahmadou Ahmadou accueille son gendre en dépit de leur différend, et ce malgré les avertissements d'Alhadji Oumarou Foutiwou qui finit par lancer l'assaut contre Hamdallaye qu'il détruit. Boubou Ardo Galo et Ahmadou Ahmadou ont péri au cours de cette bataille.

## SOMBO SOGA ET LOBBO SOGA

Lobbo Soga est une jeune fille d'une très grande beauté que tous les jeunes de la contrée convoitent. Elle a eu dix-neuf prétendants au mariage qu'elle a tous éconduits, l'un après l'autre, à l'exception d'un tout aussi beau jeune homme nommé Sombo Soga. C'est pendant qu'on s'apprête à célébrer le mariage de Sombo Soga et de Lobbo Soga que le roi de Ségou enlève la jeune fille pour en faire sa cinquantième épouse. Très affectée par la perte de sa bien-aimée, Sombo Soga se réfugie dans l'errance. Grâce à la complicité de Baïdari, le Chef des gardes, les deux amoureux parviennent à rétablir un contact régulier à l'insu du roi.

Lorsque le roi de Ségou découvre qu'il est trompé, malgré sa colère, il finit par rendre leur liberté à Sombo Soga et Lobbo Soga, ainsi qu'à leur complice Baïdari.

Abdoul Aziz ISSA DAOUDA

# Première partie :

# BOUBOU ARDO GALO

## LE GUERRIER ANIMISTE

L'Afrique traditionnelle, berceau de l'humanité, connaissait un passé glorieux : elle était le sanctuaire de très grands guerriers forts, braves et dotés de pouvoirs magiques sans limites. L'Afrique des ancêtres a connu le Grand Soundjata Keita, le lion du Mandingue, le redoutable Soumangourou Kanté, roi des Sosso, Da Monzon la terreur de Ségou ; elle a connu Djala Hamma Bodédjo Djala Paté, Dondou Gorba Dikko, Amala Seyni Gakoye, Silamaka et Poulori. Mais aucun de ces héros hors pair ne semblait pouvoir soutenir la comparaison avec Boubou Ardo Galo, un guerrier téméraire peul que tout le monde craignait, ses amis tout comme ses ennemis.
Tous les grands guerriers du passé avaient leur *Moolo*, un air musical associé à leur nom que les griots ponctuaient de propos élogieux célébrant leurs grandes qualités morales, physiques et guerrières. Dans le *Moolo* dédié à Boubou Ardo Galo intitulé *Jaru,* les griots avaient coutume de louer le guerrier peul en ces vers :

*Jaru!* [5]
*Boubou Galo!*
*Ardo Galo!*
*Amina Galo!*
*Kuntu Galo!*
*Kuntun Kuroori Galo !*
*Père de Hammadi !*[6]
*Le Peul qui n'a jamais peur,*
*Le Peul qui ne fuit jamais,*
*Le Peul qui ne ment jamais.* [7]

Boubou Ardo Galo lui-même prenait plaisir à s'identifier à la capacité destructrice du feu et à la dimension assujettissante de la faim. Il se disait plus ardent que le feu et plus redoutable que la faim. Car le feu brûle et calcine tout, et la faim soumet les hommes à sa merci : *« Ventre affamé n'a point d'oreille »* a-t-on coutume de dire. Seule la faim est capable d'entraîner le voleur à la mendicité pour survivre et l'homme pieux au vol et au crime. Le héros s'était forgé une réputation de guerrier téméraire que personne n'avait envie de rencontrer, à plus forte raison, de défier au combat. Pourtant, il était déjà arrivé que des guerriers, venus de contrées lointaines et ne le connaissant pas, s'en prennent à Boubou Ardo Galo et à sa cité. Mais même dans ce cas, le guerrier faisait preuve d'une certaine bonté : il envoyait en avant-garde

[5] Jaru est le nom de l'air du *Moolo* dédié à Boubou Ardo Galo.
[6] Par la suite, le griot fait la généalogie des Ardo Galo (v2 à v7).
[7] En fulfulde dans le texte (v8 à v10).

son griot personnel, *Sagalé Maabé,* à la rencontre des malheureux. *Sagalé Maabé* allait vers les assaillants pour les prévenir des conséquences qu'ils encouraient en s'attaquant à son maître. Il leur décrivait avec gestes et brio ses prouesses guerrières. Il leur expliquait dans les détails ce qui les attendait s'ils s'obstinaient à affronter le guerrier téméraire peul. Le plus souvent, nombre d'assaillants abdiquaient, terrorisés par les récits du griot. En général, la grande majorité choisissait la fuite pour se préserver et perpétuer leur lignée. Seuls les plus têtus résistaient aux propos terrifiants de *Sagalé Maabé.* Et seuls ceux qui pensaient détenir des fétiches infaillibles se hasardaient à attendre l'arrivée de Boubou Ardo Galo.

Boubou Ardo Galo vivait ainsi en guerroyant et en amassant d'immenses butins de guerre arrachés aux vaincus. Il s'était installé dans un espace africain traditionnel qui s'ouvrait progressivement à l'influence islamique propagée par les grands maîtres-marabouts : Alhadji Oumarou Foutiwou du Macina, Ousmane Dan Fodio de Sokoto, Ahmadou père et Ahmadou Ahmadou d'Hamdallaye. Beaucoup d'hommes et de femmes s'étaient déjà convertis à la nouvelle religion. Certains étaient vraiment sincères dans leur choix, mais d'autres, la majorité d'entre eux, venaient à l'Islam juste au nom de la crainte qu'exerçaient sur eux les maîtres investis dans la mission de l'expansion de la voie d'Allah. Contrairement à l'ère des temps, Boubou Ardo Galo était hostile à l'Islam et à ses pratiques : il ne priait pas, il ne jeûnait pas, ne faisait pas l'aumône et n'accomplissait ni la *Zakat*[8], ni le *Moudou*[9]. Boubou Ardo Galo ne prononçait jamais le nom de Dieu. Au contraire, il aimait transgresser les prescriptions sociales et morales de l'Islam. Animiste idolâtre, il prenait goût et plaisir à agir dans le sens de tout ce que les marabouts interdisaient. Par ailleurs, tous les actes sacrilèges qu'il effectuait l'étaient à dessein. Boubou Ardo Galo savait que les grands maîtres-marabouts, propagateurs et gardiens de la Chariah[10], seraient forcément informés de tous ses faits et gestes de déviance et de défiance à l'égard des lois musulmanes. Il était contre la voie des marabouts et il voulait que cela se sache. Sa persévérance dans l'insoumission et la mécréance étaient une bravade envers la religion d'Allah, une provocation et un défi lancés aux représentants de l'Islam. Boubou Ardo Galo voulait que tout le monde sache qu'il ne craignait personne. Grâce à sa force et à ses extraordinaires pouvoirs magiques, notre héros faisait régner la terreur dans toute la zone soudanaise, en défiant l'Islam et les marabouts. Par

---

[8] *Zakat* est un mot arabe : il s'agit d'une obligation faite à tout musulman de faire, à partir d'un niveau, un prélèvement sur sa richesse ou ses biens et de le donner au aux plus démunis.

[9] *Moudou* est une mesure de riz, mil, maïs…que le musulman prélève selon sa charge (5 mesures pour une personne) pour donner aux plus démunis.

[10] Loi Islamique.

conséquent, aux yeux du monde, excédé par son comportement provocateur, il apparaissait comme un rebelle impie.

## LES COMBATTANTS DE L'ISLAM

Comme Boubou Ardo Galo, Alhadji Oumarou Foutiwou était aussi un grand guerrier mais, contrairement au héros animiste, lui était un combattant d'Allah. C'était un marabout entièrement voué à l'Islam et à sa propagation. Héros de guerre, il avait également un *Moolo* personnel, auquel les griots associent des louanges qui célèbrent les hauts faits du maître-marabout :

*Alhadji Oumarou de Fouta et de Bandiagara*[11]
*Marabout, fils de marabout.*
*Tu as mémorisé le coran, Dieu a agréé*
*Tu l'as lu, Dieu a agréé,*
*Tu as parlé, Dieu a agréé.*[12]
*Dieu a le pouvoir de vie et de mort,*
*Les marabouts, eux, ont le pouvoir de détruire*
*Ceux qui les offensent.*
*Les chiens qui mordent un marabout meurent ou survivent édentés*
*Sauf si le marabout est nul ou qu'il pardonne pour la grâce de Dieu.*

Être marabout était un statut à la fois majestueux et redoutable. Alhadji Oumarou Foutiwou menait une vie ponctuée de pèlerinages à la Mecque et de voyages de prédication. Lorsqu'il n'était pas à la mosquée sacrée de la *Kaaba*[13], il sillonnait sa région ouest africaine, prêchant les valeurs et les comportements enseignés par l'Islam. Partout où il passait, il sensibilisait les fidèles et leur montrait la voie d'Allah. Mais Alhadji Oumarou Foutiwou ciblait exclusivement les rois et les grandes personnalités auxquels il enseignait les versets coraniques, la *Kabala,* [14] et la *Baada.* Il leur apprenait donc comment avoir foi en Dieu et échapper aux châtiments de l'enfer.

Il ne provoquait, ni n'embêtait personne conformément à la voie qu'il enseignait, mais Alhadji Oumarou savait être impitoyable avec les mécréants et les injustes. Il savait aussi qu'il pouvait disposer des Djinns pour combattre celui qui refuserait d'obéir à Allah et à son prophète Mohamed (psl).

---

[11] Changement de note musicale.
[12] En fulfulde dans le texte.
[13] Mosquée sacrée de la Mecque.
[14] *Kabala* (avant en Arabe) et *Baada* (après en Arabe) sont des dispositions relatives aux prières musulmanes..

Un jour, le maître-marabout, de retour du pèlerinage à la Mecque, avait initié une longue mission de prédication qui l'avait emmené dans la grande cité pieuse d'amdallaye sous l'autorité d'un grand Ouléma de la région du nom d'Ahmadou. Ahmadou venait d'avoir un enfant, un garçon que l'on baptisa Ahmadou, ainsi que se prénommait déjà son père.
Aussitôt arrivé à Hamdallaye, Alhadji Oumarou s'en alla chez son Ahmadou où, après les longues salutations d'usage, il lui dit : « Ahmadou, j'ai appris que ta femme a accouché il y a peu. »
Ahmadou lui répondit : « Par Dieu, c'est exact Alhadji Oumarou, elle a accouché. »
« De quel sexe est le bébé ? », lui demanda Alhadji Oumarou.
Ahmadou répondit : « C'est un garçon. »
Alhadji Oumarou lui demanda ensuite : « Présente-moi alors Ahmadou Ahmadou. »

On demanda donc à une courtisane d'amener le bébé pour le présenter à l'illustre hôte. Dès que la dame voulut tendre Ahmadou Ahmadou enveloppé dans ses langes au grand marabout du Fouta, l'enfant poussa un cri si strident qu'on entendit à plusieurs kilomètres. Le bébé sauta des mains de la courtisane et tomba lourdement à terre. Il perdit connaissance et gisait inerte sur le sol de sable fin du vestibule royal.

Le père observait l'enfant, l'étranger le regardait et la courtisane qui l'avait amené le contemplait également. Un silence pesant alourdit l'atmosphère pendant un long moment et Ahmadou finit par demander à Alhadji Oumarou Foutiwou :
« Pourquoi mon fils a-t-il réagi ainsi ? »
Il lui répondit : « Tu sais pourquoi, je le sais également, de même que ton fils...Tu continueras à régner sur ton pays et ta cité d'Hamdallaye. Tu œuvreras encore dans la voie d'Allah et tu convertiras les gens jusqu'à ta mort. Après ton décès, ton fils Ahmadou Ahmadou s'installera sur le trône. Un différend nous opposera à l'issue duquel je le tuerai. C'est ce qui justifie sa réaction lorsqu'on a voulu me le présenter. C'est pour cela qu'il s'est évanoui. Il n'est pas mort, il n'a rien. Tu sais, comme moi, qu'il n'est pas décédé. J'ai le sentiment que seule la pauvre courtisane qui l'a amené ne comprend pas ce qui se passe. »

Après encore avoir observé de longues minutes de silence, Ahmadou finit par dire à l'intention d'Alhadji Oumarou : « Malgré tout, je m'en remets à toi pour préserver la vie de mon enfant qui est aussi le tien. »
Oumarou Foutiwou répondit : « Par Dieu, que ton fils s'en remette à son propre tempérament. Jamais, je ne m'en prendrai à lui de mon propre chef. »

Ensuite, Ahmadou Ahmadou fut repris et remis dans ses langes. Il reprit connaissance, mais on ne tenta plus de le remettre à l'étranger, on le rendit à la courtisane qui le ramena chez sa mère.

## BOUBOU ARDO GALO, GENDRE D'AHMADOU AHMADOU

Les jours passèrent, les mois et les années suivirent. Ahmadou continua à régner et à prêcher la voie d'Allah. Son engagement, sa puissance et la terreur qu'il incarnait pour les animistes et les mécréants finirent par avoir raison des esprits les plus difficiles de son pays. Ahmadou enseigna les préceptes de l'Islam jusqu'à ce que tous ses sujets sachent prier, jeûner et s'acquitter de la *Zakat.* Pendant son règne, il réussit à inculquer à tous les fondamentaux de la religion musulmane. Ahmadou prêchait dans sa région et sensibilisait la communauté aux interdits islamiques et aux châtiments qu'ils impliquaient. Et un jour, il mourut.

Á sa mort, Ahmadou Ahmadou fils avait grandi : il était devenu un homme très puissant et il succéda à son père. Mais le fils était plus austère que son père dans l'application de la loi islamique, estimant que ce dernier avait fait de son vivant tout ce qu'il pouvait pour l'expansion de l'Islam. Malgré tout, il le trouvait un peu trop tolérant. Durant le règne d'Ahmadou Ahmadou, ceux qui transgressaient même les plus petits interdits, recevaient quarante coups de fouets. Ils étaient exécutés lorsque le péché était considéré comme une très importante transgression. Tout le monde vivait dans la terreur et personne n'osait aller contre les règles de l'Islam.
Ahmadou fils avait parachevé la mission de son père. Avec lui, tout le monde s'était converti à l'Islam en observant également la Charia de la manière la plus stricte, tout le monde sauf Boubou Ardo Galo.

*Boubou Galo!*
*Ardo Galo!*
*Amina Galo!*
*Kuntu Galo!*
*Kuntun Kuroori Galo !*
*Père de Hammadi !*[15]
*Le Peul qui n'a jamais peur,*
*Le Peul qui ne fuit jamais,*
*Le Peul qui ne ment jamais.* [16]

Boubou Ardo Galo était très redouté et personne ne le croyait capable de se soumettre à aucun moment, lui qui ne ratait aucune occasion publique pour braver les interdits de l'Islam. La preuve en est : ses provocations restaient impunies en raison

[15] Par la suite, le griot fait la généalogie des Ardo Galo (v2 à v7).
[16] En fulfulde dans le texte (v8 à v10).

de la terreur qu'il exerçait dans la région et de la crainte qu'il suscitait. Cette situation d'impuissance mettait le roi Ahmadou Ahmadou mal à l'aise. Les mauvaises langues n'en demandaient pas plus pour émettre des remarques pour le moins désobligeantes. Pourquoi tout le monde, sauf Boubou Ardo Galo ? Le roi, le grand ouléma, l'ami des djinns aurait-il peur du guerrier mécréant et animiste ?

Ahmadou Ahmadou ne cessait de se demander comment faire pour convertir Boubou Ardo Galo et pour confirmer son hégémonie sur toute la région. Mais il savait également qu'il ne disposait pas de moyens suffisants pour contraindre le guerrier animiste. Oui, il savait que le maudit mécréant risquerait de le ridiculiser et de semer le doute dans l'esprit de ses sujets ! Il imagina tous les stratagèmes possibles pour soumettre Boubou Ardo Galo, mais en vain. Rien ne lui permettrait de venir à bout de la mécréance du guerrier. Un jour, alors qu'il était en pleine réflexion, lui vint une idée lumineuse : s'il ne pouvait contraindre Boubou Ardo Galo par la force, il pourrait essayer de le tenir par les sentiments.

Ahmadou Ahmadou avait une fille du nom de Takadewaldé. Elle était très belle et était l'objet de la convoitise de tous les garçons en âge de se marier. La renommée de Takadewaldé et sa beauté étaient reconnues même au-delà de la région. Le roi savait également que Boubou Ardo Galo n'était pas insensible à la beauté de la jeune fille. Il le fit donc chercher. Lorsque Boubou Ardo Galo se présenta, le roi lui dit très directement : « Tu vois ma fille ? Je veux te la donner en mariage.»

En sa qualité de beau-père, Ahmadou Ahmadou pensait pouvoir convertir plus facilement le guerrier : en effet, si le gendre n'avait pas peur de son beau-père, il témoignerait certainement de la gêne et de la pudeur à son égard. En lui donnant sa fille en mariage, il l'inciterait peut-être à prier et à suivre la voie d'Allah ! C'est ce qui justifiait la démarche d'Ahmadou Ahmadou. Boubou Ardo Galo accepta l'union avec plaisir et le souverain d'Hamdallaye se sentit désormais soulagé d'avoir su trouver cette solution à son problème.

## BOUBOU ARDO GALO CONTINUE Á BRAVER L'ISLAM

La satisfaction d'Ahmadou Ahmadou fut de courte durée. On eut le sentiment que son mariage avec la fille du marabout avait quintuplé la volonté de Boubou Ardo Galo de s'opposer aux enseignements et valeurs de l'Islam. Sa déviance devenait plus systématique et son comportement anti-islamique plus provocateur que jamais. Il se fabriqua de nouvelles idoles, de nouvelles gourdes magiques, de nouveaux cauris, gris-gris et autres totems. Avant de rendre visite à son beau-père, il avait coutume de demander aux gens de lui citer les faits que l'Islam réprouve. Quand on lui répondait par exemple : « Le fait de siffloter », Boubou Ardo Galo passait alors toute la journée à siffler dans la cité en se promenant sur son cheval. Il sifflait au moins deux fois dans chaque rue. Puis il revenait demander encore une autre attitude prohibée par l'Islam. Quand on lui répondait : « L'Islam condamne le contact avec les femmes hors mariage », il choisissait alors publiquement des dames qu'il remorquait sur son cheval. Il se promenait avec elles dans la cité et les emmenait au-delà, en semant le doute dans les esprits. Personne n'osait lui reprocher quoi que ce soit, encore moins le réprimander, car il était craint et très redouté de tous. Tout le monde avait peur de son épée, de sa lance, de ses flèches. Mais les gens craignaient surtout son harnais de cheval qui était son arme favorite, redoutable et infaillible.

Le comportement provocateur et humiliant de Boubou Ardo Galo finit par exaspérer son beau-père. Un jour, Takadewaldé rendit visite à son père et le soir, au moment où elle s'apprêtait à retourner chez elle, son père lui dit : « Takadewaldé ! Takadewaldé ! »
Sa fille lui répondit : « Oui, Père ! »
Il lui dit : « Pardonne-moi de t'avoir imposé l'enfer de ce mariage avec ce moins que rien, cet infidèle. J'ai cru qu'il allait se repentir, mais hélas il n'en est rien. Lorsque tu rentreras, ajouta-t-il, tu diras à Boubou Ardo Galo que demain je vais partir en guerre contre lui : il mourra et ira en enfer. Rien ne pourra m'en empêcher. Tiens bien ton mari au courant.
Sa cité dispose de trois issues. Devant chacune d'entre elles, je posterai un millier de soldats qui le viseront lui uniquement. Ils ne tueront personne d'autre que ton mari. »
De retour chez elle, Takadewaldé parla avec son mari, mais n'osa pas lui transmettre le message de son père. Elle avait peur que Boubou Ardo Galo n'ait une réaction violente.

Le lendemain matin, au lever du soleil, il demanda à sa femme de lui apporter de l'eau pour sa toilette. Takadewaldé se saisit d'une petite calebasse, marcha vers le

canari et plongea le gobelet jusqu'au fond, mais point d'eau. Elle partit en chercher à l'extérieur de la maison, lorsqu'elle vit un très gros nuage de poussière s'élever au ciel. C'était son père qui venait avec ses troupes comme il l'avait annoncé. Il portait la guerre chez Boubou Ardo Galo. Elle courut vite, revint auprès de son mari et l'interpella : « Boubou Ardo Galo ! Boubou Ardo Galo ! »
Il lui répondit : « Oui ! »
« Je suis une fille digne de ses parents, et le rêve d'une fille digne se réalise toujours. J'ai rêvé la nuit dernière que mon père venait te combattre et détruisait ta cité. »
Boubou Ardo Galo demanda à sa femme : « Qu'est-ce que tu racontes ? »
Elle répondit : « Je dis que j'ai rêvé que mon père t'a livré bataille et a détruit ta cité. »
Il lui demanda alors : « Takadewaldé ! Dans ton rêve, je suis vivant ou mort ? »
Elle répondit : « Tu es vivant ».
Boubou Ardo Galo rétorqua : « Alors, si je suis vraiment vivant dans ton rêve, avant le lever du soleil, tu retourneras te coucher pour rêver la suite de l'histoire, c'est-à-dire que ton père m'a livré bataille et qu'il a été chassé. »

Takadewaldé se sentit vexée par l'arrogance de la réplique de son mari. Elle ressortit et vit à nouveau la poussière des trois mille cavaliers que conduisait Ahmadou Ahmadou son père. Quelques minutes plus tard, un nuage de poussière finit par recouvrir complètement le ciel. Elle s'en retourna encore auprès de Boubou Ardo Galo et répéta à son mari : « Je suis une fille digne de ses parents, et le rêve d'une fille digne se réalise toujours. »
Boubou Ardo Galo demanda à sa femme : « Takadewaldé, ton père est arrivé ? »
Elle répondit : « Sans aucun doute. Tu n'auras pas ton eau, car le canari est vide. Aujourd'hui même un oiseau ne pourra s'abreuver au puits, à plus forte raison un être humain. »
Boubou Ardo Galo répliqua : « Sais-tu que ton père prie, il jeûne, il fait l'aumône, il fait la *Zakat,* il fait le *Moudou,* il aime Dieu, Dieu l'aime ? Tu sais aussi que moi, aucune de ces pratiques ne m'intéresse. »
Elle répondit : « C'est exact. »
Il lui dit alors : « Á la fin de la mi-journée, tu monteras sur ma tour pour voir comment un mécréant va s'opposer à des musulmans. »
*Sagalé Maabé*, le griot de Boubou Ardo Galo, vint à cet instant pour dire bonjour au couple comme il le faisait tous les matins. Il se mit à louer le héros animiste :

*Boubou Galo!*
*Ardo Galo!*
*Amina Galo!*
*Kuntu Galo!*
*Kuntun Kuroori Galo !*
*Père de Hammadi !*
*Le Peul qui n'a jamais peur,*
*Le Peul qui ne fuit jamais,*
*Le Peul qui ne ment jamais.*

Boubou l'interrompit : « He ! Arrête ton vacarme et viens ici. Lorsque deux nobles se disputent, le rôle du griot est de les réconcilier. Ma femme vient de raconter une histoire qui a généré une dispute entre nous. Ce matin, après son réveil, elle m'a informé avoir rêvé que son père m'a livré bataille pour prendre ma cité. Je lui ai demandé de combien de cavaliers dispose son père. Elle m'a répondu qu'il y en a trois mille.
Je lui ai suggéré d'aller poursuivre son rêve, songe durant lequel son père a livré bataille ici et a été chassé. Si jamais il ose m'attaquer avec seulement trois mille cavaliers, il sera défait et prendra la fuite. Voilà pourquoi elle s'est sentie vexée.
Mais à présent, si son père ose venir me combattre dans ma cité sachant qui je suis, je te l'offrirai, il sera ton esclave. Il donnera du foin à ton cheval, il balayera l'écurie ».

Boubou Ardo Galo venait d'offrir son beau père comme esclave à son griot avant même de le combattre, et *Sagalé Maabé* savait que ce n'était pas une vaine promesse. Il remercia donc son maître pour cette marque de grande générosité.

## LA DÉFAITE D'AHMADOU AHMADOU

Devant chacune des trois grandes portes d'entrée de la cité de Boubou Ardo Galo, Ahmadou Ahmadou avait posté mille cavaliers. Comme il avait coutume de le faire avant ses combats, Boubou Ardo Galo confiait à *Sagalé Maabé,* son griot, la mission de dissuader l'adversaire et lui offrait la chance de fuir et de survivre. Le griot monta à cheval et alla à la rencontre des guerriers d'Ahmadou Ahmadou pour les avertir du risque fatal qu'ils encouraient en s'attaquant à son redoutable maître.

Lorsqu'il atteignit la première porte de la cité, *Sagalé Maabé* se mit à leur décrire la force implacable de Boubou Ardo Galo et la façon dont il exterminerait ceux qui s'obstineraient à résister à ses conseils : « Face à l'ennemi, Boubou Ardo Galo fait ceci et cela, il est capable de ceci et cela ! ». Le griot vanta son maître et ses actions guerrières jusqu'à épuisement.
Habituellement, nombre d'hommes choisissaient la fuite dés les premiers assauts de la guerre verbale de *Sagalé Maabé*, heureux de sauver leur vie qui n'aurait pas coûté très cher dans un combat contre le guerrier animiste. Mais aucun des mille guerriers de la première porte n'avait bougé de son poste, ils restaient insensibles aux propos du griot qu'ils considéraient comme du bluff. Fatigué de sa tentative infructueuse, le griot de Boubou Ardo Galo continua vers la seconde porte où étaient postés mille autres guerriers. Là également, il se mit à louer son maître :

*Boubou Galo!*
*Ardo Galo!*
*Amina Galo!*
*Kuntu Galo!*
*Kuntun Kuroori Galo !*
*Père de Hammadi !*
*Le Peul qui n'a jamais peur,*
*Le Peul qui ne fuit jamais,*
*Le Peul qui ne ment jamais.*

« Face à l'ennemi, Boubou Ardo Galo fait ceci et cela, Il est capable de ceci et cela ! » *Sagalé Maabé* avait là encore loué les actions et la force de son maître jusqu'à l'épuisement et, une fois de plus, les mille guerriers de la seconde porte avait écouté le fidèle griot sans sourciller. Il continua imperturbable, mais rien dans ce qu'il disait ne semblait attirer l'attention des cavaliers profondément concentrés avant d'en découdre avec le maudit guerrier mécréant qui avait offensé leur maître-marabout, l'honorable Ahmadou, fils d'Ahmadou, combattant d'Allah !

*Sagalé Maabé* cabra son cheval, changea de direction et s'en alla vers la porte principale où étaient postés mille autres cavaliers sous le commandement direct du marabout d'Hamdallaye. « Salam Alekoum[17] » fit-il, puis il se mit aussitôt à vanter les prouesses guerrières de Boubou Ardo Galo. Là il s'investit dans sa mission encore plus énergiquement qu'au niveau des deux premières portes : « Face aux ennemis, Boubou Ardo Galo fait ceci et cela, il est capable de ceci et cela ! » Mais personne ne s'intéressa à lui.
Le griot redressa alors son cheval et le redirigea vers le domicile de son maître. Lorsque *Sagalé Maabé* arriva à la hauteur de Boubou Ardo Galo, celui-ci lui demanda en souriant : « Alors, ils sont toujours là, ou ont-ils préféré fuir et survivre ? »
« Je pense qu'ils sont venus sur des chevaux morts, car je n'en ai vu aucun remuer son oreille, encore moins sa queue, à plus forte raison galoper. Eux-mêmes ne donnent aucun signe de vie. Non ! Ils ne sont pas normaux. »

Puis Boubou Ardo Galo ajouta : « D'accord ! Tant pis pour eux ». Il demanda ensuite aux esclaves de seller son cheval. Il l'enfourcha et se mit au galop en direction de la première porte de la fortification. Boubou Ardo Galo bondit sur les mille cavaliers et les extermina jusqu'au dernier. Les cadavres jonchaient le sol sur un très grand rayon, traduisant la violence et la férocité des combats. Partout des corps sans membres ou sans têtes, arrachés par l'imposant sabre du héros, sabre qui avait été sculpté dans du fer forgé par les plus talentueux forgerons de toute cette région africaine. Mais hormis le sabre, Boubou Ardo Galo possédait également une lance qu'il était le seul à pouvoir manier, tant elle était grande et lourde. Cette lance allait lui permettre de transpercer plusieurs adversaires à la fois et de les embrocher comme des morceaux de viande sur une brochette. Mais son arme favorite était sans doute le lourd harnais de son cheval fabriqué à l'aide de peaux d'éléphant d'Afrique et de crocodile du Nil tressées avec des maillons en fer forgé.

Après le carnage, quant il constata qu'il ne restait plus âme qui vive, Boubou Ardo Galo s'orienta cette fois-çi vers la seconde porte où attendaient mille autres cavaliers qui paraissaient encore plus redoutables que les premiers. Á peine quelques minutes de combat, et un silence de mort s'abattit sur les lieux. Partout les cadavres à terre donnaient l'impression d'épis de mil jonchant le sol des champs au moment des

[17] Salutation d'usage entre musulmans.

récoltes. Quelques-uns des cavaliers, ayant compris qu'ils allaient immanquablement vers l'anéantissement, se résignèrent et battirent en retraite vers la porte principale où leur maitre, le marabout Ahmadou Ahmadou, se trouvait avec mille autres guerriers, attendant qu'on vienne lui livrer son gendre comme prisonnier. Les cavaliers qui fuyaient pensaient aussi que la présence du beau-père atténuerait la force destructrice de Boubou Ardo Galo.

Lorsque le guerrier animiste vint à côté de son beau-père, il s'approcha et lui dit :

- « Que la paix soit sur toi beau-père. On ne se présente pas devant son beau-père sans le saluer. ».

Sans attendre la réponse d'Ahmadou Ahmadou, Boubou Ardo Galo retira son pied de l'étrier et le plaça sur l'avant de la selle. Confortablement assis, il prit sa pipe, la bourra de tabac, l'alluma et se mit à fumer comme s'il était ailleurs que sur un terrain de combat, face à mille adversaires, chacun d'entre eux rêvant de l'étriper. Alors le marabout de Hamdallaye cria à l'intention de ses hommes :

- « Qu'attendez-vous pour abattre ce démon mécréant ? »

*Rim* ![18] Les combattants d'Ahmadou Ahmadou tirèrent ensemble mille coups de fusil sur Boubou Ardo Galo. Ils firent feu à l'aide de fusils à poudre noire appelés *Toumbakou*[19], utilisés par les guerriers de *Guéladjo* avant même l'arrivée des hommes blancs. Un gros et long nuage de fumée enveloppa la distance qui séparait Boubou Ardo Galo de ses assaillants, de telle sorte que personne ne percevait plus rien après les salves. Quelques instants plus tard, la fumée se dissipa et tout le monde aperçut le redoutable guerrier animiste, toujours confortablement assis sur sa monture, le pied placé à l'avant de la selle du cheval en train de fumer sa pipe avec la plus totale désinvolture.

Ahmadou Ahmadou, plus furieux que jamais de l'échec inacceptable de ses hommes, leur cria encore de plus belle :

- « Tuez-le, débarrassez moi de ce suppôt de Satan, nous sommes là pour ça ! »

*Rim !* Mille autres projectiles furent encore tirés sur Boubou Ardo Galo, mais sans résultat. Il continuait à fumer sa pipe sans même sourciller. Fou de rage, Ahmadou Ahmadou renouvela ses injonctions, mais en vain. Ses hommes tirèrent encore à trois reprises sur Boubou Ardo Galo, mais il était toujours indemne : même ses habits n'avaient pas été touchés par les projectiles des fusils et, a fortiori, une quelconque partie de son corps.

Devant cette situation inhabituelle pour eux, les assaillants furent pris de panique et l'un d'entre eux finit par se résoudre à interpeller le maître-marabout :

- « Maître ! »

---

[18] Rim ! C'est le bruit d'ensemble des projectiles.

[19] Djéladjo est situé dans le département de Say (région de Tillabéry) à une centaine de kilomètres de Niamey.

Ahmadou Ahmadou répondit : « Oui ! »

- « Si le maître peut accepter les conseils du disciple, permettez-nous de fuir pour survivre et prendre soin de nos familles, avant que ce démon de mécréant ne finisse sa pipe. Laissez nous partir, maître, avant qu'il ne remette le pied à l'étrier de son cheval. Vous avez constaté que nous avons tiré sur lui mille fois en trois salves, et son boubou n'a même pas été troué.... Maître, fuyons ensemble pour aller nous occuper de nos familles ou, si vous vous ne pouvez nous suivre, donnez nous l'autorisation de nous en aller. »

Le marabout répondit que, par Dieu, il pardonnerait à tous ceux qui voulaient décamper. Sitôt dit, ce fût la débandade : convaincus que leur adversaire était un démon invincible, tous éperonnèrent et fouettèrent les chevaux afin de s'éloigner le plus vite possible de ce mécréant satanique ! Ce n'est pas un homme, c'est un djinn ! La grande majorité des guerriers avait abandonné le marabout. Il ne restait plus que très peu d'obstinés issus de grandes familles nobles, le type d'homme qui préférait la mort au déshonneur.

Boubou Ardo Galo remit le pied à l'étrier. Á cet instant, Sagalé Maabé l'interpella par ses louanges habituelles :

- *«Boubou Galo!*
*Ardo Galo!*
*Amina Galo!*
*Kuntu Galo!*
*Kuntun Kouroori Galo!*
*Père de Hamadi !*
*Le Peul qui n'a jamais peur !*
*Le Peul qui ne fuit jamais !*
*Le Peul qui ne ment jamais !»*

- « Arrête ton vacarme, cesse de crier à tue-tête, je tiendrai ma promesse d'hier », lui enjoignit Boubou Ardo Galo.

- « Que lui as-tu promis hier ? », demanda le beau-père.

- « Je lui ai promis que tu seras son esclave, tu donneras du foin à son cheval, tu balayeras son écurie. »

Le beau-père était à la fois étonné et scandalisé par les propos humiliants de son gendre. C'est lui Ahmadou Ahmadou, grand combattant, marabout, fils de marabout et petit fils de marabout, c'est lui que l'on offrait comme esclave à un griot ?

Boubou Ardo Galo, plus arrogant que jamais, s'empressa d'ajouter que le cadeau était déjà fait depuis la veille, que son seul souci était d'être obligé de donner à son griot un esclave manchot ou boiteux.

- « Je souhaite te capturer intact, sain et sauf, c'est ma seule préoccupation. Sinon depuis hier, tu es l'esclave de mon griot. »

Puis Boubou Ardo Galo lança son cheval à tout galop *parta ! parta* ![20] et l'immobilisa brutalement à une encolure de la monture d'Ahmadou Ahmadou qu'il saisit *tchip !* par le bras. Il le pressa si fort que tous les pores de son corps se mirent à transpirer un mélange de sueur et de sang.
- « Alors, acceptes-tu d'être l'esclave de mon griot? » demanda-t-il à son beau-père.
- « Par Dieu, j'accepte ! » répondit Ahmadou Ahmadou.
- « Descends de ton cheval et défais ton turban ! »

Le beau-père, pris d'une irrépressible frayeur, s'empressait d'exécuter tout ce que Boubou Ardo Galo lui ordonnait. Il défit donc son turban et son gendre s'en servit pour lui ligoter les mains dans le dos.
- « Voici l'esclave que je t'ai promis, fit-il au griot. Grâce à Dieu, il n'est pas blessé. Emmène-le ! Je pourchasserai les fuyards pour trouver de la compagnie à ce marabout, par exemple quelques talibés. »
Très rapidement il en rattrapa quatre cents parmi les guerriers d'Ahmadou Ahmadou qui fuyaient : ils resteraient avec lui dans cette nouvelle vie d'esclave imposée par son gendre.

---

[20] Onomatopée traduisant le galop du cheval.

# LA VENGEANCE DE TAKADEWALDE

Fier de sa victoire sur son beau-père, Boubou Ardo Galo vint voir Takadewaldé.
- « Tu vois, chaque année, c'est toi qui te rends chez ton père pour un séjour d'un à deux mois. Eh bien, désormais c'est ton père qui vient te voir. Il restera avec toi pendant vingt-quatre mois pendant lesquels il ne priera pas sous mes yeux, il ne jurera pas, il ne prononcera pas le nom de Dieu, il ne se rasera pas non plus. Il ne fera que ce que je veux ».

Ainsi, Ahmadou Ahmadou fut obligé de séjourner vingt-quatre mois chez Boubou Ardo Galo en tant qu'esclave, comble de l'humiliation ! Mais tout ce qui arrive vient par la volonté de Dieu et prendra fin par sa volonté. Toute chose a une fin. Après deux années de séjour contraint du marabout chez le pire mécréant qui fut, Boubou Ardo Galo rendit sa liberté à son beau-père. Pour son retour, il lui offrit deux chevaux, deux boubous, deux pantalons, deux bonnets, deux paires de chaussures, deux épées, deux esclaves. Il lui octroya une paire de tout ce qui pouvait lui être utile.
- « Á présent, je t'affranchis, tu es libre. Rentre chez toi pour régner sur ton pays. Ma mécréance est plus forte que ta foi. Ne te hasarde plus à me combattre pour vouloir me convertir, ne souhaite plus un affrontement entre nous ! »

Souvent, non sans ironie, Boubou Ardo Galo avait l'habitude de dire qu'il n'avait pas de problème particulier avec la prière des musulmans : il croyait même que c'était plutôt une bonne chose, puisqu'elle était pratiquée en groupe. Et tout ce qui se pratique en groupe doit forcément être bien. Seulement, c'était la génuflexion qu'il trouvait gênante et honteuse. Pourquoi un noble se courberait-il ainsi ? Lui, Boubou Ardo Galo, ne voulait pas se mettre derrière les gens et respirer leur gaz ; il n'acceptait pas non plus se mettre devant et de montrer ses fesses.

Á présent, Ahmadou Ahmadou était rentré chez lui et, en un peu moins de deux ans, grâce à la prospérité de l'Islam, il parvint à reconstruire son autorité. Et de fait, celle qu'il recouvra dépassait largement celle qu'il détenait avant sa défaite dans le combat qu'il avait mené contre Boubou Ardo Galo. Mais sa fille Takadewaldé, l'épouse de Boubou Ardo Galo, n'avait rien oublié de l'humiliation subie par son père. Elle vivait constamment avec le secret dessein de venger l'affront fait à ce dernier. Les nobles ont cette particularité qu'ils n'oublient jamais les actes dont ils ont été l'objet. Si vous leur faites du bien, ils s'en souviendront toujours en espérant pouvoir un jour s'acquitter du bienfait reçu. Á l'inverse, si vous leur faites du mal, restez vigilant, car ils profiteront de la moindre occasion pour se venger. C'est ainsi qu'ils se comportent. Pendant près de quatre ans, Takadewaldé chercha par tous les moyens comment faire payer à son mari tout le mal fait à son père. Elle imagina tous les stratagèmes, mais elle ne trouva rien d'assez efficace pour punir Boubou Ardo Galo.

Elle finit par se convaincre qu'ici bas, il n'y avait qu'une personne capable de défaire son mécréant de mari et de réhabiliter ainsi l'honneur de sa famille et la dignité de l'Islam outragés par ses assauts répétés. Oui, seul Alhadji Oumarou Foutiwou pouvait la venger.

*Alhadji Oumarou de Fouta et de Bandiagara*[21]
*Marabout, fils de marabout.*
*Tu as mémorisé le coran, Dieu a agréé*
*Tu l'as lu, Dieu a agréé,*
*Tu as parlé, Dieu a agréé.*[22]
*Dieu a le pouvoir de vie et de mort,*
*Les marabouts, eux, ont le pouvoir de détruire*
*Ceux qui les offensent.*
*Les chiens qui mordent un marabout meurent ou survivent édentés*
*Sauf si le marabout est nul ou qu'il pardonne pour la grâce de Dieu.*

La vie entière d'Alhadji Oumarou Foutiwou était vouée aux actions sur le sentier d'Allah. Il convertissait sans répit tous les nobles, riches et autres dignitaires qui croisaient son chemin. Quand il convertit un roi, ce dernier se repent et fait repentir son peuple, ensuite il envoie un prince auprès d'Alhadji Oumarou Foutiwou pour acquérir une éducation coranique. Tous les souverains agissaient ainsi en signe de soumission à Dieu et au grand marabout. Ses disciples étaient exclusivement des princes. Il avait en charge un groupe de dix-neuf princes et un petit griot qui était chargé de les distraire et d'agrémenter leur quotidien. Les griots restaient toujours à proximité des nobles rois et princes, c'est pour cette raison que le père du petit griot l'avait confié lui aussi à Alhadji Oumarou Foutiwou, afin d'effectuer son initiation à l'Islam avec les princes de même âge. Ainsi, ils grandiraient ensemble et les petits princes s'habitueraient à lui avant de devenir marabouts et souverains à leur tour.

---

[21] Changement de note musicale.
[22] En fulfulde dans le texte.

Un matin à l'aurore, l'épouse de Boubou Ardo Galo se réveilla toute excitée. Takadewaldé avait son idée en tête, elle était sûre d'avoir trouvé un moyen infaillible de venger son père Ahmadou Ahmadou. Elle réveilla son mari.

- « Boubou ! Boubou ! », n'arrêtait-elle pas de crier.

- « Oui ! Par Dieu, qu'y -a-t-il pour que tu t'acharnes ainsi à me réveiller ? Y a-t-il un malheur ? »

- « Non ! Je veux juste aller au marché. »

- « Au marché ? Mais Takadewaldé que veux-tu chercher au marché ? On se rend au marché pour se procurer quelque chose, non ? Or, tout ce dont tu as besoin se trouve ici. De quoi as-tu besoin que tu n'aies déjà? »

Dans le secret de la préparation de sa vengeance, la femme répondit à son mari qu'elle n'avait besoin de rien et qu'elle voulait juste aller au marché. C'était une envie inexpliquée qu'elle avait. Boubou Ardo Galo finit par lui dire : « Bien ! Je suis d'accord que tu ailles au marché si cela doit te faire plaisir. Mais attention, tu peux aller dans tous les marchés de toutes les cités de la région, mais ne va pas chez Alhadji Oumarou Foutiwou. C'est uniquement à cet endroit que je ne veux pas que tu ailles. » Il ajouta : « Parce que j'ai entendu dire que là-bas, les talibés du marabout interceptent les passants pour les rançonner : mais leur rançon, à eux, consiste à te demander de réciter la sourate *Alhamdo*[23]. Ils le tuent celui qui n'arrive pas à la réciter et s'emparent de ses biens ».

- « C'est donc ça ? J'ai épousé un poltron ! Je pensais que mon mari ne craignait personne. J'étais loin de penser que quelqu'un pouvait te faire peur toi, Boubou Ardo Galo, le guerrier peul qui ne ment jamais, qui n'a peur de rien et qui ne recule devant rien ! Eh bien, c'est là-bas que j'irai faire le marché. Si c'est pour cela que tu as si peur, donne-moi ta culotte, attache donc mon pagne et reste là. »

Mais les grands guerriers ont toujours l'esprit chevaleresque, ils ne discutent pas les désirs des dames. Boubou Ardo Galo acquiesça :

- « D'accord ! Tu iras au marché chez Alhadji Oumarou Foutiwou, mais tu passeras par la route du sud, car c'est sur celle du nord qu'opèrent les disciples du grand marabout ».

Takadewaldé savait ce qu'elle faisait et ce qu'elle voulait, elle n'avait en tête que l'idée d'opposer son mari au redoutable Alhadji Oumarou dont on disait qu'il disposait contre les mécréants des djinns, des anges et des démons. Elle se montra donc obstinée et intraitable à l'idée d'éviter les disciples baroudeurs du grand marabout.

[23] Alhamdou, c'est la sourate de l'ouverture du Coran appelée *Sourate-Alfatiha*

- « Je passerai par la voie du nord. Qu'ils prennent ma vie et qu'ils arrachent mes biens. De toute façon, je vois bien que ma mort ne représente pas grand-chose pour toi ! »
Au grand bonheur de sa femme très sûre de son coup, Boubou Ardo Galo finit par céder.
- « D'accord, Takadewaldé, comme tu veux. Tu emprunteras la voie que tu voudras. »
Heureuse d'être arrivée à ses fins, la femme sortit.

Comme ils avaient l'habitude de le faire tous les matins, les dix-neuf princes prirent ensemble leur petit déjeuner et, en compagnie de leur jeune griot, dirigèrent leurs chevaux vers la route du nord menant au grand marché de la cité du grand Alhadji Foutiwou, redoutable combattant d'Allah. Avant le début de la mi-journée, ils arrivèrent à l'endroit où ils avaient l'habitude de rançonner les gens sur le chemin du marché. Á peine étaient-ils arrivés que se pointa le convoi impressionnant de Takadewaldé, fille du marabout Ahmadou Ahmadou et épouse du guerrier animiste Boubou Ardo Galo. Takadewaldé était très belle, et sa démarche était si gracieuse qu'on aurait cru qu'à chaque mouvement elle allait se tordre la hanche. Elle ne pouvait passer inaperçue. En effet, à une distance où on ne pouvait distinguer une personne sans peine, les dix-neuf princes disciples d'Alhadji Oumarou Foutiwou crièrent tous ensemble.
« Hey ! Cette femme n'est pas de chez nous ! C'est la femme de qui ?
Est-ce la femme d'untel ? Non, la femme d'untel n'est pas aussi belle que celle-là. »
Ils finirent par se rendre à l'évidence : ils étaient incapables de l'identifier.
- « Cette femme n'est pas d'ici, en plus elle n'a jamais fréquenté ce marché. »
Subjugués par l'étrange beauté de cette dame inconnue, les princes-disciples partirent spontanément au galop en direction de Takadewaldé, dont le plan secret se mettait progressivement en place.
- « Comment vas-tu ? » lui lancèrent-ils d'une même voix.
Elle ne répondit pas et les ignora en signe de provocation. Mais les jeunes princes-disciples étaient d'une impertinence légendaire. Certains étaient déjà descendus et avaient commencé à tâter le corps de la jeune femme. Les jeunes gens n'étaient manifestement plus intéressés par le jeu de la rançon, ils avaient d'autres idées en tête. Ils ne lui demandèrent point de réciter la sourate de la rançon, car la beauté de Takadewaldé les avait rendus quasiment fous. Et les sachant ainsi à sa merci, la femme de Boubou Ardo Galo les interpella.
- « Oh ! Disciples, vous êtes des musulmans. Je suis aussi fille de musulman. Je suis la fille d'Ahmadou Ahmadou, le grand marabout d'Hamdallaye ! Regardez ce qu'il y a d'or et d'argent sur moi, prenez tout et déguerpissez vite d'ici, car j'ai insulté un

mécréant avant de venir ici. Il me cherchera certainement, et quand il sera là, ce ne sera pas bon pour vous. »

Rendus plus arrogants par les propos de la jeune femme, les jeunes princes ne tarirent pas d'insultes et de malédiction contre elle et son mécréant. Exactement comme le souhaitait Takadewaldé. Les disciples vexés, touchés dans leur amour-propre, décidèrent de la retenir jusqu'à ce que son mécréant vienne la chercher. Ils ne perdraient rien à attendre !

# L'HUMILIATION DES DISCIPLES D'ALHADJI OUMAROU FOUTIWOU

Boubou Ardo Galo savait exactement ce qui allait se passer sur la route du marché, cette route du nord que n'avait pas voulu éviter Takadewaldé par entêtement et obstination. Avant la mi-journée, il sella donc son cheval et prit la route en compagnie de son griot, *Sagalé Maabé*.

Après une chevauchée d'à peine une heure, Boubou Ardo Galo aperçut le groupe et, plus il se rapprochait des princes, plus ses yeux lui révélaient une image des plus épouvantables pour lui. Oui, les princes prenaient un plaisir certain à importuner sa femme. On la tirait de tous les côtés. Certains plus audacieux se permettaient de considérer les jambes de Takadewaldé comme des coussins. Arrivé sous un arbre juste à quelques mètres de la scène, Boubou Ardo Galo héla le groupe.

- « Oh ! Jeunes gens, cette femme ne s'est-elle pas acquittée de la rançon pour que vous lui fassiez perdre son temps sur le chemin du marché ? »

Un des princes, irrité par l'ingérence de l'étranger, empoigna son fusil et galopa *par-par-par !* jusqu'à ce que son cheval soit nez-à-nez avec le cheval de Boubou Ardo Galo. Il l'immobilisa brutalement et tira sur Boubou Ardo Galo : *paw ! Paw ! Paw !* Il lui tira à trois reprises dans le visage, puis il reprit le cheval et revint vers ses camarades avec la certitude que sa mission était accomplie et que l'empêcheur de tourner en rond était hors d'état de nuire. Mais lorsque la fumée finit par se dissiper, ils aperçurent Boubou Ardo Galo en train de discuter avec son griot comme si de rien n'était. Fou de rage, un des princes s'adressa à son camarade qui venait de tirer à bout portant sur le guerrier peul : « Malheur et malédiction! Quelle honte ! Untel, tu nous as honnis et humiliés ! Comment peut-on tirer sur quelqu'un à trois reprises et constater qu'il trouve encore la santé pour discuter avec son compagnon ? »

Celui-ci enfourcha son cheval et galopa lui aussi *par-par-par !* vers Boubou Ardo Galo. Il était désormais à hauteur de sa cible à une distance où il ne pouvait pas la rater, pensait-il. Lui aussi tira avec son fusil comme le premier *Paw ! Paw ! Paw !* à trois reprises dans la figure de Bouba Ardo Galo. Puis, comme le premier, convaincu d'avoir rempli sa mission, il revint sur ses pas vers ses camarades. Lorsque la fumée disparut sous l'arbre, ils aperçurent toujours les deux étrangers en train de discuter. Le troisième prince qui tenta le même rituel se présenta devant le guerrier au moment où Boubou Ardo Galo avait dégainé son arme favorite, le harnais redoutable de son cheval. Lorsqu'il assénait un coup de cette arme à un ennemi, le bruit généré était plus terrible que le coup du tonnerre. Pour certains, nul doute que c'est le bruit du

harnais de Boubou Ardo Galo s'abattant sur l'ennemi qu'imite encore aujourd'hui sans succès *Dongo*[24], le Dieu de la foudre.
Le guerrier animiste croyait fermement en l'infaillibilité de son arme fétiche qu'il n'utilisait qu'en des rares occasions, notamment lorsqu'il doutait de la vulnérabilité de l'adversaire aux armes classiques. Un seul coup du harnais pouvait fendre une personne en deux, de la tête aux pieds.
Boubou Ardo Galo attacha donc le harnais à son bras, puis il lança le cheval au galop en direction du troisième prince. Au moment où le lourd harnais allait s'abattre sur lui, le jeune prince sauta à terre et lâcha son cheval. Le coup de harnais vint s'abattre sur la selle du cheval qui se fendit en deux et s'effondra.
Pris d'une indescriptible frayeur, les princes impertinents, disciples d'Alhadji Oumarou Foutiwou crièrent en même temps : « Malédiction ! Son coup a fendu le cheval en deux. Est-il vraiment un homme ou un démon ? Nous sommes perdus ! »

Dès que Boubou Ardo Galo s'approchait de l'un des dix-neuf rançonneurs dans l'intention de le frapper, celui-ci se jetait de son cheval et fuyait. Il finit ainsi par désarçonner tous les jeunes princes de leurs chevaux. Puis il se retourna vers le petit griot qui accompagnait le groupe. Le petit griot tremblait de tout son corps. S'adressant à Boubou Ardo Galo, il dit :
- « Mon père, moi je n'ai pas fui. »
- « Heureusement pour toi, car si tu avais essayé de fuir, je t'aurais tué ! Toi, tu me connais, tu connais ma maison. L'année passée, j'ai offert à ta famille quarante bœufs, ma femme vous en a donné une dizaine. Pourquoi n'as-tu pas averti tes petits camarades que la dame qu'ils taquinaient était mon épouse ? »
- « Mon père, même si je le leur avais dit, ils n'auraient pas accepté. »
- « Descend de ton cheval ».
Le jeune griot descendit.
- « Vois-tu le grand cheval là-bas, le cheval *haaraw-danda*[25] aux cinq taches blanches, le vois-tu ? »
- « Oui, je le vois ! »
- « Je sais que c'est le cheval personnel d'Alhadji Oumarou, tu le connais ? Je te l'offre, monte-le et prend son fils avec toi. Que tous les autres vous suivent à pied. »
- « Moi ! Monter derrière un griot, rouspéta le fils d'Alhadji Oumarou ! »
- « Qu'as-tu dit, demanda Boubou Ardo Galo ? »

---

[24] *Dieu de la foudre* dans la mythologie songhay-zarma du Niger.
[25] -*Haaraw* est un cheval de robe noire dont les quatre pattes et le front sont blancs. – *Danda* est un cheval de robe rouge avec une bande blanche du front au nez. *Haaraw-Danda* est donc un cheval qui a les caractéristiques de *Haaraw* et de *Danda*.

- « Rien mon père, j'ai demandé que l'on m'aide à monter, répondit le jeune prince tremblotant ! »
Le jeune griot monta sur le cheval et prit le fils d'Alhadji Oumarou avec lui, comme le lui avait ordonné Boubou Ardo Galo. Puis le griot téméraire peul animiste ordonna que les dix-huit autres chevaux soient conduits chez lui, puisqu'il s'agissait d'un don de Dieu. Quant à Takadewaldé, son épouse, elle déclara ne plus avoir envie d'aller au marché, car elle se demandait bien ce qu'elle pouvait encore y trouver si tard. En réalité, son marché était déjà fait. Aller au marché n'était pour elle qu'un stratagème pour créer les conditions d'un affrontement entre son mari et le grand marabout Alhadji Oumarou dans le but de venger son propre père. Et sa mission semblait accomplie ou en voie de l'être.
Boubou Ardo Galo, accompagné de sa femme, prit le chemin du retour en emportant le butin de guerre que constituaient les dix-huit chevaux capturés. De l'autre côté, lorsqu'ils furent loin du regard de Boubou Ardo Galo, le petit griot s'empressa de descendre du cheval du maître marabout qu'il céda à son petit maître. Le fils d'Alhadji Oumarou monta sur le cheval de son père et tous les autres suivirent à pied.
En cours de route, les princes prirent le petit griot à témoin :
- « Tu vois, il n'y a pas plus honteux que ce qui nous est arrivé. Cet inconnu nous a infligé une suprême humiliation. Chacun d'entre nous t'offre deux chevaux, pour que tu n'en parles pas. N'évoque pas le malheur qui nous est arrivé, car cela est pire que la honte. »
- « Non ! Je ne dirai mot de ce qui est arrivé. Cela ne me regarde pas. »

## LA DÉCLARATION DE GUERRE

Habituellement Alhadji Oumarou Foutiwou, le grand marabout, partageait ses repas avec le jeune griot qui accompagnait ses jeunes disciples, dont son propre fils. Les autres petits camarades du griot mangeaient ensemble. Pendant les repas des trois jours qui suivirent la débâcle des disciples du marabout, le jeune griot, contrairement à son habitude, ne dit mot. Il ne montrait plus cette propension à distraire le maître qui lui valait au fond le privilège d'être à la même table que le grand marabout. Incapable de rapporter l'important événement, il avait l'impression que tout ce qu'il mangeait n'arrivait pas dans son ventre. Il avait la sensation que tous les aliments s'arrêtaient dans sa gorge et y resteraient tant qu'il n'aurait pas eu l'opportunité de raconter ce qui s'était passé entre son groupe, la belle dame et son démon de mari. Non ! Il fallait qu'il le dise. Le quatrième jour, le secret devint encore plus dur à garder. Le griot des princes prit une bouchée, la mâcha, l'avala, mais la bouchée se bloqua dans sa gorge : *Kit !* Il prit une autre bouchée dans sa main et se mit brusquement debout. Il se dressa de toute sa taille. Surpris, le marabout lui demanda s'il se sentait bien. Serait-il sous l'emprise de ces redoutables djinns qui, après des années d'hibernation, avaient assez de puissance pour faire perdre la raison à ceux qui avaient la malchance de croiser leur chemin ? Non, répondit le jeune griot qui reconnut tout de même qu'il n'était pas en paix, qu'il n'était pas du tout en paix et qu'il n'était pas seul dans cette situation. Comme si on venait de lui dégager tout ce qui obstruait la gorge, le jeune homme s'engagea dans le récit de leur rencontre avec Boubou Ardo Galo, le redoutable guerrier peul animiste.

- « Il y a quelques jours, lorsque nous sommes allés dans notre mission habituelle de rançonnage sur la route du marché, nous avons eu la malchance de rencontrer un être belliqueux, mi-homme mi-diable, que l'on nomme Boubou Ardo Galo.

Spontanément Alhadji Oumarou se redressa à son tour.

- « Hum… ! C'est donc pour cela que je ne vois aucun cheval dans ma maison en dehors du mien. »

- « Même votre cheval personnel, il me l'a offert et il m'a demandé de le conduire en prenant avec moi votre propre enfant. »

Et j'ai pris ton fils avec moi. »

- « Bien ! Tu dormiras en méditant cet adage : c'est toi qui as apporté ton oseille, c'est toi qui retourneras avec ton soumbala. »[26]

Les traditions populaires zarma-songhay attestent que cette expression fût introduite dans l'imaginaire collectif à cette occasion. Le jeune griot a apporté l'oseille, il

[26] Proverbe zarma. En référence aux noix d'oseille qui servent à préparer le *soumbala,* un condiment très prisé au Niger ; il signifie que quand quelqu'un rapporte un problème ou lorsqu'il en crée, il lui appartient à lui seul d'aller chercher la solution.

retournera avec le soumbala, autrement dit, il a apporté un message, celui de Boubou Ardo Galo et doit cette fois-ci en retour lui rapporter la réponse d'Alhadji Oumarou Foutiwou.

- « Dès demain matin, tu selleras ton cheval et tu iras dire à Boubou Ardo Galo que moi, Alhadji Oumarou Foutiwou, je ne suis ni l'égal de son grand père, ni celui de son père, encore moins son égal à lui. Qu'il fasse revenir mes dix-huit chevaux s'il tient à la paix. Je ne suis pas son semblable ! »

Á présent, le sort du jeune griot devint encore plus compliqué, sa situation était encore plus difficile qu'auparavant. Il ne pouvait refuser la mission du grand maître, mais il lui était impossible d'aller devant Boubou Ardo Galo réitérer les propos pour le moins insultants d'Alahadji Oumarou Foutiwou. De mémoire de griot, aucun homme, ni aucun démon, ni aucun être quel qu'il fût ne s'était encore hasardé à s'adresser à Boubou Ardo Galo, le guerrier téméraire animiste, plus ardent que le feu et la famine. Non, aucune leçon d'aucun maître parolier des *doudal*[27] n'avait rapporté à ce jour une situation semblable à celle là ! Le petit griot n'avait pas dormi de la nuit, il passa son temps à méditer. Puis le lendemain, la mort dans l'âme, il sella son cheval et se mit à galoper encore et encore. Il arriva enfin chez Boubou Ardo Galo. Il le loua, il le loua, il le loua encore jusqu'à l'extinction de sa voix, puis il le salua. Boubou répondit à son salut. Ils se saluèrent encore très longuement.

- « Jeune griot, es-tu en paix ? »

- « Rien que la paix mon père ! Alhadji Oumarou Foutiwou Bandiagara ! Marabout, fils de marabout ! Il a mémorisé le Coran, Dieu a agréé ! Il l'a lu, Dieu a agréé ! Il a parlé, Dieu a agréé ! C'est lui qui m'a envoyé auprès de toi. Il me charge de te dire que si tu ne veux pas de querelle avec lui, tu dois libérer ses dix-huit chevaux que tu lui as pris. Car il n'est pas l'égal de ton grand père qui a donné naissance à ton père qui, à son tour, t'a donné naissance. »

- « Jeune griot, si tu retournes d'où tu viens, tu diras à ton maître qui t'a envoyé que moi, Boubou Ardo Galo, mon nom même signifie « querelle » et je suis toujours prêt pour toute forme d'altercation quelle qu'elle soit. Tu lui demanderas de choisir le genre de querelle qu'il préfère : que nous passions le temps à nous insulter, à nous défier du regard, à nous griffer, à combattre par des fusils, des arcs, des lances ou des sabres ? Tu lui demanderas quel type d'animosité lui convient car, en ce qui me concerne, je m'y connais en tout. »

Heureux d'avoir rapporté le message de son maître sans grave conséquence pour lui, le petit griot s'apprêtait à partir, lorsqu'intervint *Sagalé Maabé* le griot de Boubou Ardo Galo.

---

[27] École traditionnelle où se forment les griots à l'art de la parole.

- « Boubou Galo, Ardo Galo, Amina Galo, tu ne dois pas le laisser retourner sans les dix-huit chevaux. Car s'il ne les ramenait pas, les gens penseraient que tu es juste cupide. Personne ne retiendra ton geste comme un signe de bravoure. Remets-lui les chevaux, qu'il les rende. C'est parce que son envoyeur sait qu'il transmettra fidèlement son message qu'il a été envoyé. Si tu m'envoyais là-bas moi aussi, je dirai tout ce que tu me demanderais de dire et je reviendrai sain et sauf. Je te dirai également tout ce qu'il me demandera de te dire. Voilà son rôle de griot, c'est mon rôle aussi, il ne s'agit nullement de bravoure de sa part. Après avoir restitué les chevaux, tu as toujours la possibilité de l'affronter, le défaire, prendre sa ville et tout ce qu'elle contient, tout y compris les mêmes dix-huit chevaux ».
- « Je ferai exactement ce que tu viens de dire. »
Boubou Ardo Galo ordonna alors à ses esclaves d'aller restituer les chevaux d'Alhadji Oumarou Foutiwou en compagnie du jeune griot des princes, à qui il confia un autre message.
- « Lorsque tu seras de retour, tu diras à Alhadji Oumarou Foutiwou que c'est moi Boubou Ardo Galo qui t'envoie, comme lui-même t'a envoyé. Tu lui diras de se préparer, car je viendrai le combattre le troisième jour du mois prochain. »
Le rêve de Takadewaldé était en passe de se réaliser, son mari Boubou Ardo Galo, le guerrier animiste mécréant de l'Islam, venait de déclarer la guerre au redoutable combattant d'Allah, le grand Alhadji Foutiwou du Bandiagara.

## BOUBOU ARDO GALO PRÉPARE LE DÉFI.

Contrairement aux grands guerriers comme lui, Boubou Ardo Galo n'avait jamais eu besoin de connaître à l'avance l'issue de ses combats. Depuis que Dieu l'a créé, il n'avait jamais consulté un devin avant de livrer une bataille. Mais depuis sa déclaration de guerre à Alhadji Oumarou Foutiwou, plus le délai s'approchait, plus il avait envie de savoir si la chance lui sourirait ou pas contre ce marabout qui, disait-on, pouvait disposer de tous les anges et djinns du ciel chaque fois qu'il devait combattre des mécréants, animistes rebelles comme lui Boubou Ardo Galo. Lui qui n'avait jamais suivi la voie d'Allah et les enseignements des marabouts, lui qui, au contraire, aimait délibérément fouler les prescriptions de l'Islam. Il se mit à méditer l'importance de cette guerre pour lui. Il pensa qu'il fallait vaincre le marabout pour montrer à tous, et de manière définitive, sa puissance et celle des fétiches des divinités de ses ancêtres. Par les génies de l'est et de l'ouest, ceux du nord et ceux du sud, en remportant la victoire contre leur grand maître, il leur montrera que ses idoles sont au-dessus de leur foi et de leur religion !

Dans la cité de Boubou Ardo Galo, vivait une prêtresse du *hooley*[28] , une prêtresse qui pouvait estimer les jours vous restant à vivre, rien qu'à travers votre démarche. Elle était très puissante en prédiction grâce à sa grande magie et ne se trompait jamais. Quand la prêtresse disait à quelqu'un qu'il lui restait une semaine à vivre, il n'y avait plus rien à tenter. Le malheureux n'avait plus qu'à se préparer pour le jour annoncé.

Boubou Ardo Galo alla donc rendre visite à la prêtresse et lui demanda de lui prédire l'issue de la guerre qu'il comptait porter chez Alhadji Oumarou Foutiwou. Il voulait qu'elle lui dise ce qui s'y passerait.

- « Boubou Ardo Galo, à vrai dire, tu sauras ce que tu es venu demander. »

La femme prit la main de Boubou Ardo Galo, ouvrit sa paume et se mit à y regarder comme si elle lisait dans un livre. Après un court instant, elle tressaillit et sursauta.

- « Hey ! Renonce à ton voyage ! Renonce, car cet endroit apparaît sous la protection de forces indescriptibles. »

- « Prêtresse, je suis le guerrier peul qui n'a jamais peur, je suis Boubou Ardo Gado, je suis plus ardent que le feu et la famine. N'essayez donc pas de m'impressionner. »

- « Comme c'est ainsi ta volonté, ainsi soit-il. Il faut tout de même se préparer et nous n'avons pas beaucoup de temps. Cette nuit, quand toute la cité s'endormira, au moment où même les souris cesseront de bouger dans leur coin, tu selleras ton

[28] *Hooley* ou danse de possession renvoie à un culte animiste répandu au Niger et dans la sous région. Les divinités y accordent des pouvoirs à leurs possédés, des prêtres de cette croyance qui deviennent en l'espace d'un temps de transe les intermédiaires entre la société des hommes et celle des génies.

cheval. Ensuite, tu prendras la grande voie qui mène vers le marché. Sur ton chemin, tu découvriras trois situations qui sont des épreuves de bravoure. Si jamais tu as le courage de relever ces trois épreuves sans frissonner, sans fuir, ni rebrousser chemin, tu pourras alors aller combattre ton adversaire, tu pourras le tuer. »

- La prêtresse ajouta : « Hey ! Ainsi depuis ta naissance jusqu'à ce jour, tu n'as jamais éprouvé le sentiment de peur ? »

- « Même sans jamais éprouver la peur, il arrive tout de même que des hommes hésitent avant d'agir. Mais moi, par toutes les divinités du ciel et de la terre, depuis que ma mère m'a mis au monde et jusqu'à maintenant, je n'ai jamais hésité pour quoi que ce soit, à plus forte raison avoir peur, jamais ! »

- « Alors, vas-y. Prends la route et brave les épreuves ! »

Boubou Ardo Galo attendit que la nuit noire s'installe, la période de la journée la plus propice à la crainte. Puis il sella son cheval et sortit. Á peine avait-il dépassé les dernières concessions de la cité qu'il aperçut, dans la brousse, une femme qui se tenait debout dans la position des musulmans dans le rituel de la prière. Elle était en effet en train de prier.

« Paix sur toi ! » lui dit Boubou Ardo Galo. Á trois reprises, le guerrier réitèra son salut, mais la dame continua sa prière sans répondre. Mécontent, il la contourna et poursuivit son chemin. Après avoir galopé un long moment, il découvrit une autre personne toujours en plein rituel de la prière en Islam. Cette fois-ci, il s'agissait d'un homme qui venait de finir une série de trois *raka'a* [29] et qui exécutait la *tahiyat*[30]. Là encore Boubou Ardo Galo salua à trois reprises, mais l'homme absorbé par sa prière ne répondit pas.

Le guerrier animiste tira sur la bride de son cheval, contourna l'inconnu et effectua encore l'équivalent du trajet qu'il avait parcouru depuis son départ. Il buta cette fois aussi sur une troisième personne qui avait fini d'exécuter quatre *raka'a* et qui égrenait son chapelet en psalmodiant des versets coraniques. Devant l'inconnu, étaient dressée une grosse montagne de flèches, un amoncellement de sabres de la même hauteur que le tas de flèches. Chaque fois que le prieur lâchait un grain de son chapelet et prononçait son court verset, *Yarrr !,* les flèches se mettaient à voler d'elles-mêmes dans les herbes, à tel point que la brousse s'enflamma. De même, les lances aussi se mirent à piquer violemment dans l'air, à gauche, à droite, de tous les côtés, avant de revenir à leur place dans le tas initial. Quant aux sabres, ils se mirent à s'entrechoquer, d'eux-mêmes, deux à deux *kwa-kwa ! kwa-kwa* !, sans que personne ne les tienne, comme dans un combat entre adversaires invisibles !

[29] Raka'a est une unité de prière

[30] Tahiyat est une récitation que le prieur fait à la fin des unités de prière avant de mettre fin à sa prière.

Flèches, lances et sabres simulèrent une guerre au gré du chapelet du prieur inconnu et des versets qu'il récitait, puis tous revenaient spontanément à leur place initiale. Devant cette scène hallucinante, instinctivement Boubou Ardo Galo s'arrêta net. Il n'eut pas le réflexe de saluer comme les deux fois précédentes, ni de contourner l'homme en train de prier pour continuer son chemin. Comme s'il était tétanisé, le guerrier animiste s'était arrêté pour contempler l'enchantement qui se produisait selon la volonté du prieur. Très vite, il rebroussa chemin et revint passer la nuit chez lui, impatient de connaître le décryptage et le verdict de la prêtresse. Le lendemain matin, il se réveilla plus tôt que d'habitude et se présenta chez la femme.

- « As-tu effectué la nuit dernière le trajet que je t'avais indiqué, lui demanda-t-elle ? »

- « Oui, je l'ai effectué. »

- « Mais ne te fatigue pas à me raconter ce que tu as vu. Je sais tout. La première personne que tu as rencontrée juste à la sortie de notre cité, la personne que tu as trouvée debout en position de prière, c'était moi. C'était moi que tu as saluée à trois reprises sans obtenir de réponse. La seconde personne que tu as rencontrée, celle qui exécutait la *Tahiyat* après ses deux *Raka'a,* c'était ton beau-père, Ahmadou Ahmadou. Plus loin encore, tu as rencontré un homme pieux qui égrenait son chapelet après ses prières. Devant lui étaient entassés des flèches, des lances et des sabres qui se mouvaient comme par enchantement, devenaient fous et frappaient partout à chaque fois que l'inconnu laissait tomber un grain du chapelet. C'était Alhadji Oumarou, Alhadji Oumarou de Fouta et de Bandiagara, Marabout, fils de marabout, combattant d'Allah. Rien de tout ce que tu as vu n'était faux. C'est de Dieu lui-même qu'il tient sa puissance pour combattre ceux qui refuseraient de se convertir et c'est lui qui l'aidera à défaire et tuer ses adversaires. C'est cette personne que tu as décidé d'aller combattre. Il t'est encore possible de changer d'avis et de chercher la rédemption. Ma mission qui consiste à t'avertir est donc terminée. Que la paix soit avec toi. »

Plus entêté que jamais et convaincu que la prêtresse n'était qu'une complice d'Alhadji Oumarou Foutiwou, Boubou Ardo Galo considéra que toutes les visions de la veille n'étaient que mystification et que tout ce que la femme avait raconté sur le marabout de Bandiagara ne représentait que de pures sornettes. Il jura, par tous les génies du ciel et de la terre, qu'il irait voir à quoi Alhadji Oumarou Foutiwou ressemblait. C'était décidé, il croiserait le fer avec lui !

## LA DEFAITE DE BOUBOU ARDO GALO

Le délai fixé par Boubou Ardo Galo pour attaquer Alhadji Oumarou Foutiwou vint à terme. Le matin du troisième jour du mois, le guerrier animiste s'était réveillé aux aurores. Il était anxieux comme il ne l'avait jamais été de sa vie. Que se passait-il ? Était-ce la défaite et la mort du marabout si proche qui le mettait dans cet état d'excitation ? Ou bien était-ce l'effet de la magie de ces djinns et autres anges censés protéger les hommes d'Allah ? Il n'avait pas besoin de réponse à ces questions. Qu'importe, de toute façon, il ferait une fois de plus, triompher la mécréance au détriment de la foi des marabouts. N'avait-il pas déjà défait et humilié son beau-père Ahmadou Ahmadou, le grand marabout d'Hamdallaye ? Quelle magie Alhadji Oumarou Foutiwou pouvait avoir de plus que son beau-père ? De toute façon, ils représentaient le même Dieu qui n'avait pu empêcher son triomphe, lui Boubou Ardo Galo, sur nombre de marabouts.
Comme il n'avait ni armée, ni compagnons, il sella son cheval et se mit à galoper vers la cité du grand maître marabout. Cette fois-ci, même le fidèle griot Sagalé Maabé ne l'accompagnait pas, il était bien seul. Lorsqu'il atteignit la périphérie de la cité, il envoya avertir Alhadji Oumarou Foutiwou qu'il était là comme convenu et qu'il l'attendait pour régler leur différend.

Alhadji Oumarou avait pour habitude de revenir chez lui après la prière commune de l'aube et de s'adonner aux invocations islamiques : ceci l'occupait jusqu'à la première prière de l'après-midi. Concentré, il restait ainsi tout le temps en sacrifiant même les besoins les plus vitaux au profit de l'adoration d'Allah. Il était justement dans cette situation, lorsqu'on vint lui apporter le message de Boubou Ardo Galo. Le marabout se leva, rangea ses affaires et ne prit d'autre arme que son chapelet et son sabre toujours attaché à sa ceinture, puis il s'en alla rejoindre son adversaire du jour. Lui non plus ne perdait de vue l'importance du combat qu'il s'apprêtait à livrer contre un homme qui symbolisait à la fois la mécréance, l'idolâtrie et la résistance totale à l'Islam et à ses principes. Par ailleurs, que le guerrier animiste défie volontairement les musulmans, qu'il agisse expressément pour ridiculiser l'Islam, tout cela se savait de tous. Défaire ce mécréant satanique serait aussi l'occasion de rétablir définitivement l'image de marque de la religion qu'Alhadji Oumarou Foutiwou s'était donné pour mission de servir et de protéger.
Pour tous les deux, cette confrontation revêtait une importance capitale.
Le marabout s'empressa alors d'aller rejoindre le guerrier.

Boubou Ardo Galo, lui, s'était très bien préparé. Il avait emporté un carquois de cent flèches empoisonnées, son arc, deux lances, un sabre, un gourdin et le fameux harnais de son cheval. Lorsque le marabout vint à rencontre, c'est Boubou Ardo Galo qui lui adressa le premier la parole.
- « Que la paix soit avec toi, Alhadji Oumarou Foutiwou! »
- « Amen ! Que la paix soit avec toi également ! ».
- « Comme convenu, nous sommes le troisième jour du nouveau mois, et je suis venu chez toi. »
- « Eh bien guerrier, qu'attends-tu pour réaliser ce qui t'amène ? »
De rage, Boubou Ardo Galo se mordit sa lèvre, il se concentra, décocha une première flèche sur le marabout, mais les djinns la dévièrent. Le guerrier animiste lança une seconde flèche sur Alhadji Oumarou Foutiwou que les djinns interceptèrent, brisèrent et jetèrent devant lui.
Á chaque échec, il redoubla de concentration et de colère la fois suivante et épuisa ainsi ses cents flèches. Boubou Ardo Galo brisa alors son arc et lança ses deux lances sur le marabout.
Les deux lances fondirent et se liquéfièrent. Il dégaina ensuite son sabre pour frapper le marabout, mais le sabre se brisa en plus de quarante morceaux dans la main de Boubou Ardo Galo.
Pendant tout ce temps, Alhadji Oumarou Foutiwou n'avait pas sourcillé, à plus forte raison bouger. Il était là impassible, attendant que le guerrier finisse par réaliser l'inefficacité de son arsenal contre la volonté d'Allah. Boubou Ardo Galo se saisit à présent du gourdin, que l'on enterrait dans les tombes, lorsqu'il ne l'utilisait pas pour asséner un coup sur la tête de son adversaire. Mais des fourmis géantes, sorties de nulle part, rongèrent entièrement le gourdin qui se désagrégea en poussière de bois comme si les fourmis l'avaient rongé durant un siècle. Il ne restait plus désormais que le harnais redoutable, mais c'était l'arme fétiche de Boubou Ardo Galo, son arme infaillible qu'il n'utilisait que rarement. Lorsqu'il agita le harnais *firr !* un djinn le lui arracha de la main.
Boubou Ardo n'avait plus d'arme à présent, il était à la merci du marabout.
« Que la paix soit sur toi jeune homme, lui dit-il soudain »
Aucune magie, ni aucun pouvoir de marabout ne pouvait rien contre le sabre d'Alhadji Oumarou Foutiwou. Rien, absolument rien ne pouvait l'empêcher d'atteindre sa cible, dés lors qu'il était dégainé. Et le marabout le dégaina *Wall* ! contre Boubou Ardo Galo, désormais pris de panique pour la première fois de son existence. Le sabre en or scintilla au contact des rayons du soleil, mais au moment où il s'abattait sur le guerrier animiste, celui-ci donna un violent coup d'éperon à son cheval pour s'enfuir le plus loin possible. Alhadji. Oumarou Foutiwou se mit alors à

pourchasser Boubou Ardo Galo jusqu'à Hamdallaye où il était parti se réfugier chez le même beau-père, le marabout qu'il avait défait et humilié auparavant.

*« Cissé ! Fils de marabout !*[31]
*Marabout, fils de marabout.*
*Tu as mémorisé le coran, Dieu a agréé*
*Tu l'as lu, Dieu a agréé,*
*Tu as parlé, Dieu a agréé.*[32]
*Dieu a le pouvoir de vie et de mort,*
*Les marabouts, eux, ont le pouvoir de détruire*
*Ceux qui les offensent.*
*Les chiens qui mordent un marabout meurent ou survivent édentés*
*Sauf si le marabout est nul ou qu'il pardonne pour la grâce de Dieu.*

[31] On note ici un changement de notes musicales qui marque la capitulation de Boubou Ardo Galo qui a fuit pour la première fois devant un adversaire.
[32] En fulfulde dans le texte.

# LE SIÈGE ET LA CHUTE D'HAMDALLAYE

Lorsqu'Alhadji Oumarou Foutiwou atteignit les abords de la cité d'Hamdallaye, Boubou Ardo Galo, lui, avait déjà traversé la ville au galop de son cheval sans s'adresser à qui que ce soit.
Ahmadou Ahmadou s'étonna du comportement inhabituel de son gendre et alerta son entourage. Était-il vraiment en paix ? Que préparait t-il encore ? Personne ne pouvait deviner la réalité du comportement du guerrier téméraire qui se plaisait publiquement à discréditer son beau-père et sa religion. Ne l'avait-t-il pas déjà humilié et fait prisonnier pendant deux ans ? On finit par stopper le cheval du fuyard.
- « Qu'est-ce qui t'arrive pour que tu sois dans cet état ? Ton beau-père nous charge de te demander de le rejoindre. »
Boubou Ardo Galo finit, non sans mal, par accepter d'aller trouver refuge chez son beau-père.
Ils se saluèrent longuement, puis le gendre très inquiet demanda quelque assurance.
- « Mon beau-père, sur qui comptes-tu pour me protéger ici ? »
- « Je compte sur Dieu, répliqua le marabout. »
- « Mais dites moi sincèrement, vous qui avez la foi, existe-t-il un seul Dieu ou bien chaque cité a-t-elle son Dieu ? Si le Dieu dans lequel vous avez foi est unique, laissez-moi fuir, car il est certainement du côté d'Alhadji Oumarou Foutiwou. »

On lui demanda de se calmer, en lui expliquant qu'il était en lieu sûr, car Alhadji Oumarou Foutiwou ne s'attaquait jamais à une cité avant d'avoir passé trois mois à la périphérie. Il avait pour habitude de donner aux habitants la chance de se convertir et de faire allégeance. Pendant les trois mois, il s'installait et les djinns organisaient le siège de la ville.
C'était la même situation à Hamdallaye, la cité était assiégée et personne n'en sortait et n'y entrait. Tout déplacement devenait risqué, car à tout moment un djinn pouvait par sa gifle vous faire sauter un œil *proute* ![33] ou un démon vous faire sauter la cervelle par un coup sur la tête.
Comme il avait l'habitude de le faire en pareille circonstance, Alhadji Oumarou Foutiwou s'adressait aux habitants des cités assiégées en leur envoyant des correspondances. Il écrivit une lettre à l'attention d'Ahmadou Ahmadou.
- « Quand une souris en putréfaction est dans une chambre, il faut vite s'en défaire, puisqu'un enfant peut s'en saisir, la toucher, puis s'en aller toucher sa mère qui passe la nuit avec le père. Ainsi, c'est toute la chambre qui sentira mauvais. »

---

[33] Onomatopée

En guise de réponse, Ahmadou Ahmadou écrivit lui aussi une lettre incendiaire à Alhadji Oumarou Foutiwou. Rien ne pouvait plus empêcher la prédiction d'Ahmadou le père de se réaliser. La prédiction d'Alhadji Oumarou Foutiwou, du temps où Ahmadou Ahmadou était encore bébé, selon laquelle le grand marabout expliqua à son ami que son bébé grandirait et que lui, Alhadji Oumarou, le tuerait à la suite d'un différend.

Durant les trois mois que dura le siège de la cité d'Hamdallaye, les deux marabouts échangèrent une abondante correspondance, trente-neuf lettres au total, mais en vain, aucun compromis ne venait apaiser la tension. Á présent, les habitants de la cité ne pouvaient plus aller chercher du mil dans les greniers situés hors des limites des remparts de la cité assiégée. Ils finirent alors par dévorer toutes les chèvres, puis ils mangèrent les moutons et, finalement, tous les bœufs furent engloutis également. Ensuite, ils mangèrent les chevaux et les ânes. Lorsqu'ils n'eurent plus rien de comestible, les habitants se dévorèrent entre eux : le plus fort saisissait le plus faible *tchip !* Il le terrassait, lui arrachait une cuisse et s'en allait déjeuner en famille. Le cannibalisme n'était plus un problème. Il était toléré par la force des choses, puisqu'il n'y avait plus rien à manger et personne ne pouvait braver le siège des djinns et des démons.

Malgré tout, les habitants refusèrent de céder. Alhadji Oumarou envoya alors sa quarantième lettre qu'il lirait lui-même dans la mosquée après la prière commune du vendredi. Á l'époque, Hamdallaye comptait soixante-dix oulémas, ainsi que trois cent treize hommes très pieux qui avaient effectué le pèlerinage à la Mecque à pied. L'Islam et ses valeurs y étaient enseignés dans soixante-dix écoles coraniques.

Après la prière du vendredi, il lut la lettre.

- « Oh habitants d'Hamdallaye, parmi vous les trois cent treize hommes pieux qui avez effectué le pèlerinage à la Mecque à pied, y en a-t-il un seul qui a conseillé à Boubou Ardo Galo de ne pas me combattre ? Vous savez tous, et c'est Dieu lui-même qui l'a dit, que celui qui bénéficie de mon prêche et qui refuse de s'y soumettre, doit être combattu. Et c'est lui, Dieu, qui m'aidera à le tuer. Et vous savez que Dieu ne ment pas et que sa volonté sera faite ! Et vous, les soixante dix-sept oulémas, y en a-t-il un seul qui a averti Boubou Ardo Galo ?»

Tous reconnurent leur faute de n'avoir pas dissuadé le guerrier animiste de s'attaquer à l'interprète de Dieu. Á ce moment, Ahmadou Ahmadou voulut subrepticement se frayer un passage à travers la foule et fuir le combat avec Alhadji Oumarou. Ce ne fût pas possible. Après son sermon, Alhadji Oumarou Foutiwou le salua longuement.

- « Ahmadou Ahmadou, lui dit le marabout, tu vois, ton père t'a confié à moi depuis que tu étais bébé. Je lui avais déjà annoncé à l'époque que nous nous battrions toi et moi et que je te tuerai. C'est ce qui est en train de se réaliser aujourd'hui. Et c'est un

vulgaire mécréant qui nous oppose. Mais je te tuerai de mes propres mains pour sauver ton âme et, tu le sais, mon acte n'est point motivé par la haine. »
Alhadji Oumarou Foutiwou dégaina son sabre et *pat !* trancha la tête d'Ahmadou Ahmadou. Puis il rassura les habitants d'amdallaye, en leur disant que leur marabout irait au paradis. Á peine avait-il fini de parler que les djinns et les démons se jetèrent sur les gens. Le marabout de Bandiagara détruisit complètement la cité avec tous ses habitants.
Voilà comment Boubou Ardo Galo fut tué par Alhadji Oumarou Foutiwou. Le guerrier animiste et mécréant mourut ainsi avec tout le monde dans l'anonymat sous la puissance du grand maître marabout.

Après la destruction de la cité d'Hamdallaye, Alhadji Oumarou Foutiwou fut profondément marqué par le massacre horrible perpétré par les djinns et les démons. Cela l'avait tellement perturbé qu'il décida de se rendre à la Mecque et d'expier le malheur en renouvelant son *hadj*.

# Deuxième partie :

# SOMBO SOGA ET LOBBO SOGA

# LOBBO SOGA, LA BEAUTÉ CONVOITÉE

Les récits d'Afrique traditionnelle font une large part à la force et à la bravoure des guerriers, mais ils accordent également une place importante à la femme et à l'amour qui représentent souvent la motivation de la guerre ou des combats singuliers que se livrent les hommes les plus redoutables.
L'histoire de Lobbo Soga et de Sombo Soga appartient à cette catégorie de récit, présentant tous les traits de l'esprit chevaleresque qui caractérisent les temps immémoriaux que chantent et célèbrent les épopées.
Lobbo Soga était une jeune fille qui sortait de l'ordinaire, car elle était belle, très belle. Elle avait le teint tellement clair que l'on apercevait ses vaisseaux sanguins lorsqu'elle marchait. Son cou gracieux monté sur une poitrine généreuse contribuait à donner à la jeune fille cette allure martiale qui ne laissait aucun homme indifférent. Ah les hommes ! Ils devenaient fous à l'idée de pouvoir bénéficier, à défaut du sourire meurtrier, d'un regard même méprisant de Lobbo Soga. Des prétendants, elle en avait de partout, tous rêvaient de l'attendrir et de rester en sa compagnie, ne serait-ce que pendant une seule journée. Uniquement dans sa cité et ses alentours, elle avait dix-neuf prétendants, dix-neuf amoureux prêts à donner leur vie et tout ce qu'ils possédaient pour conquérir Lobbo la belle qui prenait également un plaisir capricieux à se faire désirer de la sorte. Parmi ses prétendants, on retrouvait des jeunes hommes issus de tout ce que la région comptait comme familles dignitaires : des princes, des fils et petits-fils de grands guerriers, des fils et petits-fils de grands marabouts, des enfants de familles fortunées. Tous avaient succombé à la beauté angélique de Lobbo Soga. Mais pendant que tous ces hommes aux solides arguments se tenaient sous ses pieds, elle n'avait d'yeux que pour un bienheureux garçon du nom de Sombo Soga.
Sombo Soga était tout aussi beau que Lobbo. Grand joueur de Moolo[34], il avait dédié un air à sa dulcinée qui ne comportait que deux seuls vers :

« *Sombo Soga un homme de parole !*
*Par Dieu, Lobbo, je suis un homme de parole !* »

Contrairement aux griots, Sombo Soga ne jouait son Moolo ni pour de l'argent, ni pour le pouvoir. Il ne le jouait pas non plus pour ses amis : il ne le jouait qu'à l'intention de sa bien-aimée. Lorsque tout le village se mettait au lit, Sombo Soga aimait se retrouver avec Lobbo Soga sur la place du village déserte à cette heure et lui jouer l'originale mélodie au refrain de deux vers.

---

[34] Air musical dédié aux célébrités que les griots accompagnent de propos élogieux pour célébrer leurs grandes qualités morales, physiques et guerrières.

Les deux jeunes gens s'aimaient profondément, au point qu'il leur semblait impossible de vivre l'un sans l'autre. Lorsque Sombo mangeait, à peine avait-il avalé la première bouchée, qu'il était déjà rassasié, envoûté par l'image omniprésente de son amie. Lobbo était absolument dans le même état d'esprit. Mais tout cela ne décourageait pas les prétendants qui pensaient avoir encore leur chance. Cette espérance n'était d'ailleurs pas étrangère à la nature même de Lobbo Soga et de l'accueil qu'elle réservait à ses prétendants. Lorsque l'un d'entre eux parlait avec la jeune fille, il ressortait de la causerie amoureuse avec l'agréable conviction que Lobbo lui était acquise. Et c'était l'impression qu'avait chacun des courtisans. Malgré l'évidence des sentiments de Lobbo pour Sombo, les amoureux de la jeune fille cherchaient toujours se convaincre qu'elle n'avait pas encore clairement désigné l'homme de sa vie. Il fallait pourtant qu'elle se décide, qu'elle se prononce officiellement !

## LE JOUR DU DÉFI

Tous les jours avant la cérémonie, un prétendant se déclarait, puis le lendemain un second et ainsi de suite jusqu'au dix-neuvième. Ils s'étaient tous réunis dans la cité, attendant l'heure de vérité. Les prétendants de la jeune fille finirent tout à tour par lui déclarer leur amour. Lobbo décida alors, comme le veut la coutume, d'organiser une cérémonie officielle durant laquelle chacun de ses amoureux devrait exprimer l'étendue de ses sentiments, et ce en prélude au choix définitif de Lobbo. Chacun devrait lui montrer la grandeur de son amour, en annonçant publiquement son défi grâce à un don important que se partageraient les griots au nom de Lobbo. Chacun voulait bien sûr faire mieux que les autres et remporter le défi et le cœur de la jeune fille.

Ce jour, considéré par tous comme celui du grand défi, n'était pas une journée comme les autres. Même la nature semblait être la complice de Lobbo, tant le climat se prêtait à la solennité de l'événement. Il ne faisait ni chaud, ni froid et aucun nuage, ni poussière à l'horizon ne venait assombrir l'atmosphère. Déjà quelques jours avant, la fébrilité gagna toute la cité. Les griots n'en finissaient pas de se concerter. Ils voulaient savoir si Lobbo la belle méritait ou non le Moolo du défi. Ils allaient le savoir par la volonté de Dieu ! Les griots n'en attendaient pas plus ! Une seule fille convoitée par autant de jeunes dignitaires méritait une attention particulière. Hormis les gains escomptés en pareille occasion, chacun voulait voir ce que ses prétendants feraient pour elle, notamment pouvoir situer la valeur de Lobbo à travers le niveau des records. Les griots s'apprêtèrent donc et mirent un soin particulier à préparer leurs instruments de musique et leurs gorges. Pour eux aussi se dessinait un autre défi, celui de la maîtrise du verbe et de la mélodie. Les griots étaient installés sous un grand hangar tapissé de belles nattes de raphia. En face, la jeune fille était assise dans un grand vestibule qui faisait office de salon, entourée de ses dix-neuf amoureux. Les griots s'adonnaient aux louanges des jeunes gens réunis, de leurs familles et origines, chacun selon son rang et l'étendue de sa dignité, mais pour la mélodie, tous jouaient *Baoudi*[35], un air impersonnel. Lorsqu'ils prononçaient le nom du candidat, ils faisaient ensuite ses éloges en chœur et l'encensaient. Le prétendant, dont c'était le tour, se levait alors, se tenait devant Lobbo, coquettement allongée. Pratiquement en transe, il faisait son annonce de défi :

« Je lance un défi ! »

« Avec quoi ? » lui demandaient les griots.

« Avec dix têtes de bœuf. »

---

[35] *Baoudi* est un air de *Moolo* qui n'appartient à personne, il est dédié à tout homme qui se fait distinguer par sa bravoure et sa généricité

Alors Lobbo Soga entrait dans le jeu. Elle dévisageait bien l'intéressé avec une indifférence mêlée d'ironie avant de trancher, souriante mais ferme : « Garde tes dix bœufs. Je ne t'accepte pas ici en ce bas monde, encore moins dans l'Au-delà. » Le prétendait se retirait alors du vestibule et se mettait à côté, la mort dans l'âme, assistant avec amertume aux annonces suivantes. Après être passé, chacun voulait voir si le suivant serait plus généreux que lui ou si la jeune fille le choisirait juste par amour.
Les hommes ne sont pas égaux ! Lorsque la mélodie et la force des propos élogieux à leur égard pénétraient les jeunes gens, rien ne pouvait les arrêter. Dans le silence absolu, chacun à son tour se levait et se présentait, puis annonçait son défi.
Lobbo levait la tête pour le regarder.
« Avec quoi ? » lui demandaient invariablement les griots.
« Avec cinquante chevaux. »
- « Va, toi et tes cinquante chevaux, je ne saurais t'accepter », rétorquait Lobbo.
Malheureux mais soulagé, celui-ci se retirait aussi et allait s'installer à côté de son prédécesseur, pour voir si le suivant ferait preuve de plus de générosité.

Ainsi, les griots continuaient imperturbables à jouer leur Moolo et à célébrer l'exemplarité des prétendants et de Lobbo Soga elle-même. Tous les jeunes gens se présentèrent et continuèrent à sacrifier leurs biens. Toutefois, la jeune fille les éconduit jusqu'au dernier. Chacun d'eux fit son défi en fonction de ses moyens, mais Lobbo les repoussa. Il ne restait plus que Sombo Soga qui était le dix-neuvième candidat, mais il n'était pas encore présent sur les lieux du défi. C'est tard dans l'après-midi que Sombo prit sa douche, s'habilla et marcha en direction du domicile des parents de Lobbo où se tenait la cérémonie. Il allait tranquillement, se pavanait. Il n'était pas pressé le moins au monde. Sombo était assuré de l'amour de Lobbo. Il savait que la cérémonie du défi n'était qu'un protocole et que le cœur de la jeune fille lui était déjà acquis.
Tous étaient éconduits à tour de rôle, mais tous les prétendants étaient encore là et personne n'avait bougé. Ils voulaient tous voir ce qui allait se produire, comme s'ils avaient besoin de se convaincre et d'assumer la fin du rêve. Sombo continua à se pavaner dans les rues menant à la cérémonie, comme si le village lui appartenait.
Dès qu'il fut sur les lieux, Lobbo se redressa. L'imaginaire populaire dans la société traditionnelle retient que, lorsqu'un amant vient chez sa bien-aimée, si jamais celle-ci demeure dans la même position sans bouger, c'est qu'elle ne l'aime pas. C'est mauvais signe.

## SOMBO SOGA, L'ÉLU DE LOBBO SOGA

Dès que la clameur annonça « Sombo est là! », « Sombo est là! », Lobbo se redressa subitement, elle qui était allongée depuis le matin, écoutant impassible les annonces des dix-huit autres prétendants. Elle s'était rassise, détendue et le regard enjoué. Spontanément la jeune fille invita Sombo à s'asseoir à côté d'elle sur le grand tapis brodé de soie, où elle se tenait jusqu'ici à l'écart des jeunes amoureux.

- *Viens t'asseoir !*[36], fit-elle à l'intention de Sombo.

Il prit place à côté d'elle. Ce qui exaspéra davantage les prétendants déjà suffisamment frustrés par le rejet de leurs prétentions par la jeune fille.

Un seul prétendant était sur le point de prendre le dessus sur les dix-huit autres. Lobbo regardait Sombo et Sombo la regardait avec la même intensité. Les griots se mirent alors à louer Sombo encore plus profondément que les autres jeunes candidats au défi. Comme pour s'accorder avec la préférence de la jeune fille, les griots substituèrent le Moolo de Sombo à *baoudi* qu'ils avaient joué toute la journée en signe de neutralité.

« *Sombo Soga, un homme de parole !*
*Par Dieu, Lobbo, je suis un homme de parole !* »

Comme tous ceux qui l'avaient précédé, Sombo se leva, se présenta et annonça son défi. Cette fois-ci, ce ne sont pas les griots qui demandèrent la nature du défi, mais Lobbo elle-même.

« Avec quoi ? »

Sombo répondit qu'il donnait tout ce que son père et sa mère possédaient. Heureuse et enchantée, Lobbo n'hésita pas à répondre qu'elle acceptait l'annonce de son bien-aimé. Alors, des cris et des applaudissements fusèrent de partout, émanant même des concurrents malgré tout soulagés d'avoir perdu face à un fou. « Ah ! Dieu est grand ! Ce Sombo est vraiment fou ? Si ce n'était pas le cas, comment oserait-il ainsi dilapider tous les biens de ses parents au profit des griots en guise de défi ? ». On verra bien avec quoi il l'épousera lorsqu'on lui accordera sa main, s'empressèrent-ils d'ajouter ! Á la suite des prétendants, les critiques fusèrent de partout dans la cité. Le défi galant de Sombo se heurta à une désapprobation unanime. Certains le dénigraient, d'autres plus radicaux le maudissaient, ne comprenant pas comment un fils pouvait être aussi ingrat à l'égard de ses parents qui l'avaient enfanté et élevé.

Le père de Sombo Soga était un excellent joueur de *dili*[37]. C'est sur l'aire du jeu qu'il apprit que son fils Sombo venait de dilapider tous ses biens dans un défi galant. Il

[36] En fulfulde dans le texte.

[37] Jeu de société traditionnel auquel s'adonnent comme loisir les hommes à longueur de journée.

quitta précipitamment ses camarades et se rendit chez Lobbo où griots, prétendants et autres curieux se trouvaient encore, de même que Sombo. Á peine arrivé, il interpella son fils.

- « Sombo Soga ! »
- « Oui ! »
- « Je viens d'apprendre une nouvelle au jeu de *dili*.. »
- « Qu'as-tu appris, mon père ? »
- « Il paraît que tu as donné tous mes biens en guise de défi. »
- « Par Dieu, c'est vrai père, ils n'ont rien inventé. J'ai vu une femme que j'aime. »
- « Sombo, sais-tu que j'ai d'autres troupeaux de bœufs en dehors de ceux que vous avez sous les yeux ? »
- « Je n'en ai pas connaissance, père. »
- « Eh bien, demain je t'en montrerai d'autres encore plus nombreux car, pour que tu gaspilles mes biens, il serait nécessaire que tu saches où ils se trouvent. »

Le père de Sombo Soga voulait en fait couper court à toutes les interrogations de ceux qui se demandaient comment il allait réagir face à ce qu'ils considéraient comme une bêtise de son fils.

Á présent, toutes les mauvaises langues se turent devant la dignité du père, fier de l'acte d'amour et de galanterie de son fils. Les prétendants ne purent toutefois s'empêcher de penser : « Il a donc hérité de la folie de son père qui est plus fou que lui ! »

Heureux d'avoir réhabilité la grandeur du geste de son fils mal compris et mal interprété par ses concitoyens, le père de Sombo Soga, soulagé s'en retourna à son aire de jeu.

## L'IDYLLE

De façon désormais officielle et régulière, Sombo Soga et Lobbo Soga développaient une relation très intense et assidue. Personne dans la cité n'imaginait voir l'un sans l'autre. Les deux jeunes amoureux ne se quittaient que très tard dans la nuit pour aller dormir et, même cette brève séparation, ils ne l'acceptaient que pour éviter les « qu'en dira t-on ? » de leurs congénères que cette idylle ne laissait pas indifférents. Certains par simple envie, mais surtout ceux qui avaient été éconduits par Lobbo : leurs parents, amis et connaissances n'avaient jamais pardonné à la jeune fille d'avoir osé porter son choix sur Sombo.
La nuit représentait l'instant de prédilection pour les deux jeunes amoureux. La nuit profonde, au moment où toute la population se retrouvait dans les bras de Morphée, Sombo et Lobbo aimaient se rendre sur la grande place de leur cité à l'abri du tohu-bohu de la journée et des regards amicaux ou hostiles, un peu comme s'ils voulaient refaire leur journée, à eux, au cours de la nuit.
Sombo emportait toujours son Moolo partout où il allait. Lorsqu'il était avec la jeune fille, il appréciait de jouer pour elle la mélodie envoûtante dont lui seul avait le secret, mélodie ponctuée des deux vers habituels.
« *Sombo Soga, un homme da parole !*
*Par Dieu, Lobbo, je suis un homme de parole !* »

Une nuit de clair de lune, où les étoiles semblaient danser au rythme de la mélodie du Moolo, les deux jeunes amants étaient absorbés par leur flirt nocturne, dont rien ne semblait capable de perturber la sérénité. Mais soudain, Sombo regarda intensément Lobbo et la jeune fille se mit à pleurer. La tristesse ébranla subitement la causerie galante et insouciante à laquelle s'adonnaient les amants toutes les nuits, et Sombo aurait préféré être confronté à n'importe quelle catastrophe plutôt que de voir pleurer Lobbo.
Les pleurs de Lobbo le rendaient triste. Il lui demanda instinctivement si elle avait mal quelque part ou si, par inadvertance, il avait pu la blesser en tenant des propos désobligeants. Il pensait également à un malheur récent dans la famille de Lobbo, que la jeune fille ne parvenait plus à dissimuler.
- « Rien de tout cela. », lui répondit-elle et elle ajouta, en prenant soin de le fixer droit dans les yeux :
- « Sombo ! Si j'exprimais un désir, serais-tu prêt à le satisfaire ? »
- « Bien sûr, car je t'aime plus que tout au monde. Sais-tu que tout ce que je possède dans ce monde, je l'ai en double ou en triple? »
- « Oui », répondit-elle.

- « Sais-tu que ma vie est unique ? »
- « Oui », répondit-elle.
- « Et bien Lobbo, même si tu désires ma vie, même si tu me demandes de mourir par amour pour toi, je ne rentrerai pas chez moi ce soir. On ira directement m'enterrer à partir de cette place. »
Réjouie par cette prompte réponse de Sombo qui ne laissait entrevoir aucune ambiguïté sur l'étendue des sentiments qu'il avait pour elle, Lobbo se reprit pour lever le voile sur le problème qui la rendait si triste, elle qui d'habitude respirait la joie de l'amour vécu et partagé.
- « Je suis triste parce que je constate que nos parents ne sont pas bienveillants à notre égard comme ils le devraient. Voilà quatre ans que nous nous aimons et que nous souffrons. Ils savent pourtant que tu m'aimes et que je t'aime, mais ils refusent encore de nous unir. C'est ce qui me rend si triste ».
- « C'est donc pour ça que tu as pleuré ! »
Les jeunes amants décidèrent alors de mettre en œuvre un stratagème censé convaincre leurs parents respectifs d'envisager leur mariage. Ils avaient décidé, chacun de leur côté, de refuser de s'alimenter et de sortir pendant deux jours. Cette grève de la vie devrait attirer l'attention des parents sur le désir d'union de leurs enfants, dont la fréquentation intime n'était plus un secret pour personne.
- « Tu passeras deux jours couché chez toi, sans manger ni sortir, et j'en ferai de même chez moi. Nos parents sauront alors que nous voulons nous marier. Ils nous uniront », expliqua Lobbo.

Ce problème important qu'il venait d'aborder avec franchise et espoir rendit à l'atmosphère sa sérénité et les jeunes amants poursuivirent leur intimité jusqu'aux premières lueurs du matin. Chacun partit chez lui avec la ferme intention d'appliquer ce qu'ils avaient convenu.
Quand Sombo Soga retourna chez lui, il se mit au lit et dormit comme à son habitude jusqu'en milieu de matinée. Á son réveil, le petit déjeuner fut servi, mais il ne le toucha pas et ne s'intéressa à personne. Plus tard, le déjeuner fut servi à son tour, mais il l'ignora également. Sombo se montra indifférent au point d'inquiéter son entourage.
- « Où as-tu mal ? Es-tu malade ? »
Il ne réagissait point et passa ainsi trois jours couché sans rien manger et sans adresser la parole à quiconque. Il ne sortit pas non plus de sa chambre. Lobbo Soga passa également trois jours couchée chez elle, période pendant laquelle elle ne s'alimenta pas, ne parla à personne et ne s'aventura pas dehors.
Le père de Lobbo et celui de Sombo furent gravement affectés par la situation mélancolique de leurs enfants, sans se douter qu'elle faisait partie d'une astuce

convenue. Le message symbolique, censé sensibiliser les parents sur la nécessité de l'union des jeunes gens, finit par passer. Le père de Sombo Soga décida de se rendre chez celui de Lobbo Soga, afin de lui demander si sa fille et lui-même savaient pourquoi son fils refusait de manger. Avait-il été l'objet de propos aigres ou malveillants ? Le père de Lobbo décida, lui aussi, d'aller rencontrer le père de Sombo avec le même objectif. Les deux hommes âgés se croisèrent en chemin et échangèrent sur l'étrange attitude de leurs enfants. Ils finirent par conclure qu'il était grand temps de penser à les marier. Ainsi, la demande en mariage fut officialisée et le jour des cérémonies fixé au vendredi suivant.

## LE MARIAGE FORCÉ DE LOBBO SOGA

La cité de Sombo Soga et de Lobbo Soga appartenait au royaume de Ségou, où trônait un souverain sanguinaire que craignaient tous ses sujets. Le roi de Ségou était convaincu que tout ce qui vivait sur son territoire lui appartenait et il n'hésitait pas en disposer. Personne n'osait protester au risque de provoquer son courroux. C'est ainsi qu'il finit par s'offrir un harem de quarante-neuf épouses, parmi lesquelles nombre de femmes mariées et de fiancées arrachées à leurs maris et amants.
Un jour, un berger qui faisait paître son troupeau, alla au village se désaltérer pour étancher sa soif. Il se présenta au domicile des parents de Lobbo et demanda de l'eau, que Lobbo s'empressa de lui apporter dans une calebasse. Subjugué par la beauté de la jeune fille, l'homme ne pouvait s'arrêter de la contempler de la tête aux pieds. Il avait presque oublié sa soif et ne but qu'une gorgée d'eau. Soudain, il donna l'impression d'être pressé comme s'il venait de voir un monstre. En fait, le berger pensait avoir trouvé le moyen de s'offrir quelques richesses susceptibles de lui procurer une vie plus confortable que sa dure vie derrière le troupeau. La vue de la belle Lobbo lui rappela l'intérêt et la faiblesse du roi de Ségou pour les belles femmes et le berger avait bien l'intention de monnayer sa trouvaille. Il finit donc par confier son troupeau à des confrères qu'il connaissait à peine, pressé d'aller faire allégeance au roi. Le berger, courant comme un fou, rallia Ségou et se présenta chez le roi.
- « Que Dieu vous bénisse, Majesté ! Par Dieu, vous les rois, vous vous mariez de force, mais vous ne trouvez jamais de belles femmes : vous n'en aurez pas, car ceux qui sont chargés de vous les chercher ne les trouvent pas ».
- « Que raconte cet abruti de berger? », répliqua le roi, offusqué.

Le berger, très sûr de son coup, expliqua avec zèle et aisance au souverain sa rencontre de la veille avec la belle Lobbo.
- « Que cette femme passe la nuit à vous accabler d'injures, ajouta-t-il, est préférable à une nuit passée avec vos quarante-neuf épouses à la fois dans ce monde d'ici bas comme dans l'au-delà ».
Face à l'enthousiasme du berger, le roi manifesta le plus grand intérêt pour le récit de ce dernier et lui demanda où elle se trouvait. Le berger lui communiqua le nom du village, puis il ajouta :
- « Si tu ne t'empresses pas, elle se mariera, le mariage est prévu pour ce vendredi, soit après-demain. »
Le roi remercia le jeune berger qui fut gratifié d'une rétribution confortable, telle qu'il l'avait espéré.

Deux jours après, à la date fixée pour le mariage entre Sombo et Lobbo, le roi de Ségou organisa une délégation pour la cité de la belle inconnue que lui avait décrite le berger. Lui et sa suite partirent le vendredi au matin et arrivèrent le soir après dîner, au moment où les gens avaient commencé à se réunir pour les cérémonies du mariage.

Soudain on entendit *rim* ! Des tambours retentirent à la périphérie du village et brisèrent l'atmosphère calme de cette soirée qui promettait d'être festive et joyeuse. Le roi de Ségou était là. Tout le monde l'avait compris à travers ce son particulier des tambours qui accompagnaient le souverain dans les occasions solennelles. Ce dernier fit venir le père de Lobbo et celui de Sombo Soga et les informa qu'il était là pour Lobbo Soga, la fille de l'un et la future bru de l'autre. Les deux parents, abasourdis par cette intrusion pour le moins inattendue, se retirèrent pour se concerter derrière la concession.

- « Tu sais, je suis contre ce mariage, tu en es contre, quant aux enfants, c'est sans commentaires. Mais soumettons-nous à l'autorité du roi pour éviter sa colère et son châtiment. Célébrons le mariage pour avoir la paix. Le roi n'aura aucun égard pour notre âge. Il est capable de nous ligoter et nous humilier en public. Et nous n'avons même pas la possibilité de nous plaindre quelque part. »

- « C'est exact ». confirma le père de Sombo.

Á présent, un silence absolu s'installa sur la cité et on demanda à la foule d'invités et de curieux de se disperser, ceux-là même qui s'étaient regroupés pour les cérémonies du mariage de Sombo et de Lobbo désormais acquise au roi de Ségou.

On leur dit : « He ! Allez vaquer à vos occupations ! Il n'est plus question du mariage de Sombo Soga ! ».

C'est ainsi que le mariage de *Segu-koy* et de Lobbo Soga fut célébré. Le roi s'acquitta tout de même de la dot et on lui fit monter la jeune fille à califourchon sur le cheval.

Á peine une bonne heure après son arrivée, le souverain reprit le chemin du retour avec sa cinquantième épouse.

Arrivé dans son palais, conformément à la coutume, le roi souleva le voile de la jeune mariée pour découvrir son visage. Il fût littéralement subjugué par la beauté de Lobbo Soga et prit conscience qu'aucune maison du palais n'était assez belle pour l'accueillir. Il décida donc de l'héberger chez la reine-mère en attendant de lancer la construction d'un immeuble convenable.

Dés le lendemain, tous les maçons du territoire de Ségou furent réunis. Ces maçons avaient une grande renommée et certaines légendes rapportaient que, dans le passé, ils s'étaient spécialisés dans la construction de maisons avec pas moins de cent portes d'entrée. Hormis les prouesses architecturales, d'autres histoires leur attribuaient également des pouvoirs magiques qui leur permettaient de démolir une maison. Lorsqu'ils vous construisaient une maison et que vous refusiez, pour une raison ou pour une autre, de les rétribuer, ils pouvaient agir à distance pour que la construction s'effondre. Les maçons de Ségou étaient de très grands maîtres architectes. Segoukoy leur demanda d'imaginer et de construire à l'intention de sa belle épouse la meilleure maison du monde. Ils se mirent à l'œuvre et bâtirent des maisons sur des maisons, des chambres sur d'autres chambres et finirent par ériger une maison de dix étages. Comme pour protéger et sécuriser son patrimoine susceptible d'attiser d'éventuelles convoitises, le roi décida de l'installer dans la chambre conjugale située au dernier étage, le dixième.

## SOMBO SOGA ENTRE TRISTESSE ET ERRANCE

La force de l'amour qu'avait Sombo pour Lobbo se mesurait par la détresse du jeune homme après l'enlèvement de sa bien-aimée par le roi de Ségou. Après le départ de Lobbo, Sombo était devenu fou. Il ne se coiffait plus, il ne se rasait plus, ne prenait plus de bain et ne lavait même plus ses habits. Sombo Soga refusait de vivre en riposte à la perte de celle qui allait devenir sa femme et qu'il perdait in extremis au profit de Ségoukoy.

Sombo, à la grande satisfaction de ses anciens dix-huit concurrents, errait du lever au coucher du soleil en portant son sabre et son Moolo en bandoulière. Il se promenait sans but précis dans la cité de Ségou. Il commençait son manège quand le jour paraissait, il errait jusqu'à la mi-journée, avant de s'accorder un peu de repos. Le soir, il recommençait jusqu'à la tombée de la nuit avant d'aller se coucher. Tout cela dans l'espoir utopique d'entendre le rire de la belle Lobbo ou de l'apercevoir dans une maison. Mais en vain, Lobbo n'était pas dans une bâtisse ordinaire où les passants risquaient de la voir, elle vivait désormais dans une maison imprenable construite par les grands chefs maçons renommés de Ségou.

Le roi n'avait pas non plus lésiné sur la sécurité de sa cinquantième femme. Il affecta à cette tâche une cinquantaine de ses esclaves guerriers les plus redoutables, tous armés d'un fusil. Ces guerriers représentaient la lignée des grands combattants de Djéladjo qui connaissaient le maniement des armes à feu avant même l'arrivée des Blancs. Leurs arrières grands-parents avaient réussi à fabriquer un fusil à un coup que l'on appelait *Toumbakou,* depuis les temps immémoriaux. Les cinquante gardes étaient postés à la porte.

Déjà trois mois que Lobbo avait été mariée de force par le roi de Ségou et, pendant tout ce temps, Sombo continuait toujours à errer du matin au soir dans la cité, mais en vain. Malgré tous ses efforts, il n'avait jamais pu voir Lobbo, il ne l'avait pas entendu rire et parler non plus.

Seulement, comme la puissance de l'amour est insondable, Lobbo avait l'intuition de tout ce que pouvait entreprendre Sombo pour la retrouver. Elle décida donc de lui faciliter la tâche. Une nuit où le roi était au lit en train de bavarder avec son épouse, Lobbo dévisagea son mari longuement et fondit subitement en larmes. Le mari lui demanda avec insistance ce qui n'allait pas. Avait-elle mal quelque part ? Quelqu'un

lui avait-il manqué de respect ? Ou alors avait-elle appris un malheur dans sa famille ?
Elle répondit par la négative, mais elle ajouta :
- « Hé ! On dit que quand un roi épouse la fille d'un pauvre, ce n'est jamais par amour. En réalité, il ne l'aime pas. Il le fait juste pour la posséder et savourer sa puissance. C'est ce qui m'arrive hélas. Á ce jour, j'ai passé dix mois dans cette maison. On dit que j'ai quarante-neuf coépouses, mais je ne connais aucune d'entre elles. Je suis la cinquantième épouse, toutefois je ne connais pas ton frère, ni de beau-frère, je ne connais rien. Je suis emprisonnée ici dans une maison à étages. Je suis en prison ! »

Elle savait comment agir pour avoir de l'emprise sur le roi, profondément touché par les revendications de sa jeune épouse. Il reconnut le sentiment d'étouffement que ressentait Lobbo et envisagea de prendre des mesures pour réparer cette situation. Dés le lendemain, il l'autoriserait à se rendre partout où elle le voudrait dans la cité de Ségou. Elle pourrait se promener du lever du soleil jusqu'à son coucher. Elle ne reviendrait que pour se coucher. En agissant ainsi, le roi pensait s'attirer la sympathie de la jeune mariée et mériter plus de faveurs à ses yeux. Il ne pouvait imaginer ce que la jeune femme avait en tête.
Satisfaite, elle remercia le roi en lui faisant espérer qu'elle était devenue plus coopérative et plus conciliante.

## LA FORCE DE L'AMOUR

Le lendemain matin, Lobbo fit sa toilette, porta de beaux habits et s'activa pour descendre l'escalier infini qui conduisait à sa chambre. Elle était heureuse d'avoir trouvé le moyen de mettre à exécution le plan sur lequel elle avait réfléchi durant les trois mois de sa présence à Ségou. Il fallait qu'elle donne un signe de vie et d'espoir à Sombo, son amant de toujours. Excitée par cette pensée qui avait la vertu de la rendre heureuse, Lobbo ne s'était même pas rendue compte qu'elle venait d'atteindre le rez-de-chaussée de son imposant palais. Sans hésiter, elle se dirigea directement vers le chef de la sécurité. Baïdari était encore plus redoutable que ses guerriers, l'impression de férocité qu'il donnait à ceux qui le voyaient était certainement exacerbée par la laideur de l'homme, car le chef de la sécurité était vraiment vilain. Sa grosse tête démesurément ovale reposait sur un cou quasi inexistant, tandis que ses dents grossièrement taillées rappelaient à raison la dentition d'un requin. Deux protubérances au front et des grosses gerçures partout sur le corps contribuaient à lui donner cette allure repoussante qui avait séduit Ségou Koy lors de son enrôlement. Lobbo se dirigea donc Baïdari qu'elle interpella :

- « Baïdari ! Baïdari ! »
- « Oui ! Á vos ordres, madame la reine »
- « Baïdari, depuis mon arrivée dans cette demeure jusqu'à ce moment, n'as-tu jamais vu passer devant cette porte un jeune homme dont l'élégance ressemble au coucher du soleil ? »
- « Par Dieu, majesté, je ne l'ai pas vu. Mais j'ai l'habitude de voir quelqu'un passer ici tous les jours que Dieu fait. Il est toujours habillé d'un boubou bleu et transporte un Moolo. L'homme que je vois souvent a beaucoup de cheveux, il ne se rase pas. Il porte aussi un sabre en bandoulière. Cet homme donne l'impression d'être un étranger dans notre cité ».

Manifestement contente de ce qu'elle venait d'entendre, Lobbo enleva une bague de sa main et la remit au chef des gardes.

- « Quand tu verras prochainement l'étranger, tu iras vers lui et lui montreras cette bague. S'il hésite et te demande à qui elle appartient, laisse tomber et reviens me voir. Ce n'est pas mon homme. Si jamais l'étranger était mon homme, Baïdari, considère que ta servitude est terminée, tu ne seras plus pauvre durant le reste de ta vie.»

Même si vous comblez une femme de gentillesse et lui montrer tous les attraits possibles, cela n'aura aucun effet si elle ne vous aime pas ! Et Lobbo n'était pas une exception. Le roi de Ségou n'avait d'yeux que pour elle depuis son arrivée dans son palais. Elle avait même réussi à bouleverser la planification conjugale. Normalement, puisqu'elles étaient cinquante, chaque épouse ne devait recevoir le roi chez elle qu'une seule fois sur cinquante jours, mais depuis qu'elle était là, Ségoukoy ne pouvait pas passer trois jours sans voir Lobbo. Ainsi nombre d'épouses désespérées ne voyaient plus leur roi de mari à cause de la jeune nouvelle qui ne l'aimait même pas ! Elle donnait l'impression au roi d'être attentionnée, juste pour assouvir son désir de revoir Sombo, le seul homme qui ait véritablement une place dans son cœur.

Le lendemain matin, les premières lueurs du jour étaient à peine perceptibles lorsque Sombo, fidèle à son habituel manège, déambula sur la grande rue sur laquelle donnait la porte principale du palais de Lobbo. Baïdari, alléché par la fortune que lui avait promise Lobbo, ne se fit pas prier pour interpeller l'étranger :
- « Hé! Serviteur de Dieu ! »
- « Moi ? », demanda Sombo surpris.
- « Oui, toi ! Je suis Baïdari, chef des gardes du roi. Viens par là. »

Sombo s'exécuta et s'approcha de Baïdari à une distance où il pouvait reconnaître la bague.
Conformément aux instructions de Lobbo, le chef des gardes prit la bague et la lui montra. Comme s'il était possédé par un esprit maléfique, Sombo Soga sauta alors sur Baïdari, le saisit par les épaules en serrant si fortement qu'il le renversa.
- « Où se trouve celle qui porte cette bague ? », demanda t-il en transe.
- « Étranger, lève la tête et regarde ce bâtiment le plus élevé de cette cité. Celle à qui appartient la bague se trouve là-bas au dixième étage. »
- « Baïdari, je détruirai votre cité et son palais ! »
- « Étranger, n'agis pas dans la précipitation, cela n'arrangera rien. Je me suis arrangé pour te montrer la bague et je prendrai mes dispositions pour t'amener à celle qui me l'a confiée, mais à condition que tu saches agir avec patience. »
Sombo se calma et se résolut à écouter avec lucidité les importantes recommandations de Baïdari. Ce dernier lui expliqua que le dîner des gardes, qui surveillaient sous ses ordres le palais de Lobbo, était toujours le dernier servi. Baïdari envisageait d'y verser un somnifère pour endormir les gardes, afin de lui permettre d'accéder librement à la chambre de la reine.
Á la tombée de la nuit, tous les habitants de la cité prirent leur dîner, les habitants du palais en firent autant. Seul restait le plat des gardes qui cuisait dans une marmite dans laquelle Baïdari versa le produit.
Le somnifère était tellement puissant qu'aucun des esclaves ne put avaler sa deuxième bouchée. Ils goûtaient à peine la nourriture qu'ils s'endormaient le fusil sur la poitrine. Seul Baïdari qui y avait mis le somnifère refusa de manger. C'est ainsi que les quarante neuf gardes s'endormirent profondément laissant la voie libre à Sombo Soga qu'accompagnait Baïdari. Après avoir enjambé les gardes qui donnaient

l'impression d'avoir perdu la vie, Baïdari conduisit l'étranger jusqu'à la première marche de l'escalier.
- « Voici la première marche de l'escalier, ne te fatigue pas, en marchant, tu atteindras la chambre de la reine d'ici demain matin. »
Heureux comme un enfant à qui on venait de faire un cadeau, Sombo entreprit donc de gravir les milliers de marches qui le séparaient encore de sa bien-aimée.

## LES RETROUVAILLES DES DEUX AMANTS

Lorsqu'il arriva enfin au dixième étage, il entendit au loin les premiers appels à la prière de l'aube. L'escalier n'en finissait pas, mais son bonheur valait bien cette peine. Sombo trouva Lobbo couchée sur le dos. Elle avait passé toute la soirée dans ses tristes pensées habituelles, avant de s'assoupir, surprise par le sommeil. Lobbo ne s'imaginait pas que son bien-aimé arriverait si rapidement et si facilement jusqu'à elle malgré le stratagème qu'elle avait monté avec Baïdari. La jeune femme s'attendait donc à tout, sauf à vivre les retrouvailles avec son amant de toujours.
Il posa sa main sur la poitrine de la femme qui tressauta, mais l'appuya instinctivement contre sa poitrine. Elle connaissait la douceur de cette main, mais comment était-ce possible ? Serait-elle en train de rêver ou de délirer ?
- « Si cette main n'est pas celle d'un démon, pensa-elle à demi éveillée, elle doit être celle de Sombo, s'il est toujours vivant. »
Mais elle se reprit très vite et effaça cette perspective : « Non, même Dieu ne peut le faire. »
Elle se réveilla finalement, et la réalité était là incompréhensible, mais sublime. Ce n'était pas un rêve, ni un mirage ! C'était bien Sombo qui se tenait à côté d'elle.
« *Sombo Soga, un homme da parole !*
*Par Dieu, Lobbo, je suis un homme de parole !* »

Une douce sensation s'empara de la jeune femme, mais elle ne put dire un mot. Sombo était également dans une situation d'extase et s'abandonna à la dégustation de cet instant magique qu'il avait vu et revu dans tous ses rêves.
Sombo et Lobbo s'entrelacèrent et restèrent ainsi sur le lit en commençant une causerie galante comme s'ils voulaient rattraper les trois mois de séparation. Ils échangèrent d'abord les nouvelles, puis les regards avant de savourer ensemble, comme dans les belles nuits profondes sur la place publique, la mélodie du Moolo qu'aimait jouer Sombo à l'intention exclusive de sa bien-aimée. Mais Sombo resta lucide. Il se remémora les conseils de prudence de Baïdari. Ce n'est pas la peine de prendre des risques inutiles pour perdre définitivement Lobbo juste après l'avoir retrouvée, pensa t-il. Le roi de Ségou inspire une crainte mille fois justifiée chez ses sujets et Lobbo est officiellement sa femme ! Surtout, il ne faut pas créer des problèmes au pauvre chef des gardes qui a bravé le danger pour nous ! Comme s'il venait de réveiller de sa rêverie, Sombo s'adressa à Lobbo : « Vois-tu Lobbo, je suis comme un voleur dans cette maison, et un voleur à l'œuvre n'a pas l'esprit tranquille, je dois descendre et m'en aller avant qu'il ne fasse jour. »

- « Que Dieu me garde de te laisser partir ainsi ! Tu veux descendre alors qu'il fait encore nuit et malgré l'insécurité qui règne dans notre cité. Une force démoniaque peut t'agresser et on dira que je t'ai porté malheur. Où iras-tu dans cette nuit profonde ? »
Lobbo, moins prudente, avait dissuadé Sombo de descendre, malgré le risque. Il resta avec elle jusqu'au dernier appel de la prière de l'aube juste quelques minutes avant les premiers rayons du soleil.
- « Á présent, il fait jour, le soleil s'est levé. Je dois partir maintenant avant que les gens ne m'aperçoivent. Je descends. »
Lobbo le raccompagna jusqu'au vestibule situé avant la première marche de l'escalier.
- « Tu vois l'entrée de ce vestibule, demain matin je creuserai là pour mettre un vase que je vais enterrer jusqu'à la bordure. Lorsque tu reviendras, tu mettras ta main dans le vase. Si jamais tu y trouves au fond deux noix de cola, c'est que je suis avec mon mari. Tu t'en vas. Tu ne montes pas. Mais si tu trouves une  seule noix de cola dans le vase, tu peux monter tranquillement. Je serai seule. »
C'est ce stratagème que les amants mirent au point pour se retrouver régulièrement à l'insu du roi. Pendant trois mois, ils procédèrent ainsi. Baïdari continua à endormir les gardiens et l'astuce du vase permettait d'éviter le souverain.

Toutes les fois que le roi ne passait pas la nuit chez Lobbo, Sombo la retrouvait. Un jour de grand vent et d'orage, Lobbo était en compagnie du roi, mais ne réussit pas à introduire les deux noix de cola dans le vase. S'étant assoupie, elle avait les yeux encore remplis de sommeil lorsqu'elle tenta de lancer les deux noix en direction du vase pour signaler à Sombo la présence du roi en sa compagnie. Debout, elle jeta les deux noix de cola dans le vase. Une noix tomba dans le vase, l'autre tomba à côté. Dieu ne protège pas toujours les voleurs !

Cette nuit là, Sombo Soga brava le vent et la pluie pour retrouver son amante. Il avança tranquillement jusqu'au vase, s'agenouilla et y introduisit sa main. Á son grand bonheur, il n'y trouva qu'une seule noix de cola. Il ne pouvait pas lui venir à l'esprit qu'une noix était tombée à coté. Heureux, impatient de retrouver son amie, il se mit alors à monter les escaliers.

## LE ROI DÉCOUVRE LE SECRET DES AMANTS

Couchés, mais encore éveillés, le roi et son épouse percevaient faiblement un son qui ressemblait à un bruit de pas, comme si quelqu'un montait les marches de l'escalier. Non, ce n'était pas possible ! Qui oserait déranger le roi chez la plus choyée de ses épouses ! Il avait toujours expressément ordonné qu'on ne le dérange pas lorsqu'il était chez Lobbo, même s'il arrivait un malheur. Jamais, sous aucun prétexte. Il n'était donc pas possible que le bruit qu'ils entendaient soit des pas. Pourtant, avec insistance, le bruit se faisait plus évident, ils comprirent que les pas venaient vers eux. Lobbo entendait, le roi aussi. Mais la jeune femme savait, elle, qui pouvait lui rendre visite hormis son mari.

Sombo Soga atteignit le lit sans que l'obscurité lui permette de distinguer les deux corps couchés sur le lit. Il s'assit sur le bord du lit et voulut toucher Lobbo comme il le faisait régulièrement depuis plusieurs mois, mais sa main rencontra une poitrine et un menton couverts par une forêt de poils. Saisi d'une grosse frayeur, Sombo retira machinalement sa main et comprit très vite ce qui se passait. Malheur, le maître des lieux était là !
Sombo retint sa main, détacha le lien de son sabre, puis, *Fwass* ! Il dégaina son sabre, le posa contre le mur, à côté de la tête du roi et de sa femme. Il sortit de sa poche le résonateur de son *Moolo* qu'il plaça et accorda l'instrument de musique. Puis, comme si l'instant n'était pas très grave, Sombo s'assit à proximité de la tête des deux époux et se mit à jouer son Moolo, cet air qu'il ne jouait que pour Lobbo :
« *Sombo Soga, un homme de parole,*
*Par Dieu, Lobbo, je suis un homme de parole.* »

Il joua son air favori toute la nuit, jusqu'à l'aube, jusqu'à ce qu'il estime que, même si le roi et sa femme étaient plongés dans un sommeil éternel, ils devraient forcément se réveiller. Mais personne n'avait réagi dans la chambre. Aucun bruit, aucun signe ne laissait penser qu'il n'était pas seul dans la chambre. Lobbo n'avait pas réagi, son mari non plus.
Á l'aube, Sombo descendit voir le chef des gardes.
- « Baïdari ! Les choses ont mal tourné. Hier, nous avons passé la nuit à trois dans la chambre. »
- « Ne parle pas de malheur Sombo ! C'est plus grave que ça, car demain ce sera la fin de ta vie, de celle de Lobbo et de la mienne, moi, Baïdari. Mais attention ! Malgré tout, les nobles que vous êtes ne doivent pas perdre leur dignité devant le simple esclave que je suis ».

Sombo Soga s'en retourna chez ses parents, puisque la situation lui était défavorable, mais il ne montra aucun signe de panique. Le roi de Ségou, quant à lui, était pressé de voir le lever du jour pour éclaircir ce qui était arrivé cette nuit, même si en réalité les faits restaient suffisamment établis.
Au lever du jour, il fit sa toilette, prit sa femme et la terrassa. Il lui plaça un couteau sur sa poitrine.
- « Vous les femmes vous êtes perfides ! Qu'on vous cache au ciel, vos amants vous trouveront. Qu'on vous comble de bienfaits, peine perdue. J'ai quarante-neuf épouses, tu es ma cinquantième. Comme je t'aime plus que toutes les autres, je ne suis jamais resté trois jours sans te voir. J'ai construit pour toi une maison imprenable et je t'ai placée au dixième étage, femme de malheur, mais tu as trouvé le moyen de permettre à quelqu'un de monter me caresser et tirer ma barbe ici, suprême insulte ! Qui est-il ? Si tu ne me le dis pas, je te tuerai avant que Dieu ne le fasse. »
Soudain, Lobbo se mit à rire à gorge déployée. Comme le soir où elle avait convaincu le roi de lui permettre de se promener dans le palais pour fomenter le complot mis au point avec Baïdari, elle trouva les mots en parade à la colère du roi :

- « Hé ! On dit que quand un roi épouse la fille d'un pauvre, ce n'est jamais par amour. En réalité, il ne l'aime pas. Il le fait juste pour la posséder et savourer sa puissance. C'est ce qui m'arrive aujourd'hui, hélas ! Quand l'inconnu montait les escaliers, tu étais éveillé, comme moi. Quand il vint à nous, il dégaina son sabre et il le posa contre le mur. Il avait apprêté son Moolo, puis en a joué au dessus de nos têtes, alors que nous ne dormions pas. Et c'est à moi la femme que tu demandes ce qui s'est passé la nuit pendant que toi, l'homme, tu ronflais ? Tue-moi, puisque je suis sans défense. »
Sans doute touché par l'évidente vérité des propos tenus par Lobbo, le roi dégagea son pied du cou de la jeune femme.
- « Par Dieu, tes paroles sont justes. »
- « Je pensais que tu allais le tuer depuis la nuit dernière, ajouta Lobbo. »
Par le rappel de sa lâcheté de la veille, la femme effaroucha son mari qui la laissa tranquille.
Il descendit les escaliers jusqu'au poste du chef des gardes.
- « Baïdari ! Viens ici ! »
Baïdari se présenta.
- « Mets-toi à terre ! »
Baïdari se coucha.
Le roi lui plaça un couteau sur la gorge.

- « Esclave de rien du tout ! Sais-tu que je dispose d'au moins un millier d'esclaves comme toi ? »
- « Majesté vous en possédez plus que cela. C'est tout le pays qui vous appartient. »
Le roi ajouta : « Sais-tu que je te préfère à tous les esclaves de cette maison ? Tu es le commandant en chef d'une cinquantaine d'esclaves ? C'est toi qui les commande, poursuivit-il. Chacun d'entre eux dîne ou non au gré de ta volonté. »
- « C'est vrai convient Baïdari. »
- « Alors, dis-moi comment quelqu'un a-t-il pu tromper ta vigilance et me retrouver dans ma tour, me caresser et tirer sur ma barbe sans qu'aucun coup de feu ne soit tiré ? Tu dois être de connivence avec lui. »
- « Par Dieu, on ne saurait dire à un roi qu'il ment. En plus, seul le bon Dieu qui lui a donné le pouvoir peut le lui arracher. Á présent, je ne peux rien vous dire. J'ai un commandement de quarante-neuf soldats. Interrogez-les l'un après l'autre. Si un seul vous dit qu'il a aperçu une mouche passer la nuit dernière, je vous donne ma tête à couper. J'en assume la responsabilité. »

Le roi se mit à interroger les soldats, mais Baïdari était sûr de lui, aucun soldat ne pouvait avoir vu le moindre mouvement, puisqu'ils étaient régulièrement drogués. Les réponses restaient inchangées chez les quarante-neuf gardes.
- « Que Dieu prolonge votre vie ! On ne saurait dire qu'un roi ment. Mais, par Dieu, rien de tel ne s'est passé ! J'ai passé toute la nuit ici avec mon arme sur la poitrine. Que Dieu me punisse si j'ai vu quelqu'un passer ici ! »

Tous répondaient la même chose, car aucun n'osait avouer au roi qu'il s'était endormi sur son poste au risque d'être exécuté.

## LA COLÈRE DU ROI

Deux jours après avoir subi la plus grosse offense de sa vie, le roi ne s'en était pas encore remis : il était fou de rage et profondément marqué par la sotte audace de cet inconnu qui avait passé la nuit entre lui et sa femme. Et tous ses crétins de gardes et d'esclaves qui n'avaient rien vu ! Que faire ? Il se rappela alors d'un détail important, il lui revint à l'esprit que l'homme qu'il recherchait était un joueur de Moolo. Le roi envoya alors des cavaliers dans tout le pays pour aller dire à tous les joueurs de Moolo, que lui, le tout puissant roi de Ségou, voulait les rencontrer. Tous les joueurs de Moolo du pays, par simple intérêt ou par peur de représailles, avaient répondu présents. Ils étaient tous réunis devant leur souverain. « Vous êtes perfides et ingrats, vous les joueurs de Moolo de mon pays » lança le roi en guise d'introduction. Puis il continua en manifestant bruyamment sa colère d'avoir découvert il y a deux jours un air de Moolo qu'il n'avait jamais entendu auparavant. Pourquoi aucun d'entre eux ne le lui avait jamais joué jusqu'ici, lui, détenteur du pouvoir suprême, lui qui savait aussi être très généreux ?

Puis le roi soumit à l'épreuve les joueurs de Moolo à tour de rôle.

« Joue ton Moolo ! Montre-moi ce que tu sais faire ! »

Un à un, chacun se mettait alors à jouer qui *Dondooro*u, [38] qui le Moolo de Bakari Dja, celui de Boubou Ardo Galo, d'Amala Seyni Gaakoy, et autre chose encore.

Quand un joueur finissait son répertoire, le roi lui demandait : « C'est tout ce que tu sais jouer ? »

« C'est tout », lui répondait-il. Le roi ordonnait alors qu'on le tue. Et on tranchait la tête du malheureux, séance tenante. Le malheur s'était abattu sur les joueurs de Moolo ! Le roi s'était mis à les exterminer, faute d'en avoir entendu un seul réussir à reproduire le Moolo de Sombo. Il en tua déjà vingt, ignorant qu'aucun autre joueur que Sombo Soga ne savait jouer cet air là car, contrairement aux griots, Sombo Soga ne jouait pas son Moolo pour de l'argent, ni pour le pouvoir. Il ne le jouait pas non plus pour ses amis, il ne le jouait que pour Lobbo. Lui-même, le roi ne l'avait écouté que parce qu'il se trouvait avec Lobbo à l'insu de Sombo cette nuit là.

Le vingt-et-unième griot était un petit joueur de Moolo. On lui demanda de jouer, mais il refusa net.

- « Majesté, grand roi, que Dieu prolonge votre vie ! Ce sont seulement les griots que vous tuez ou les joueurs de Moolo en général? » questionna le petit griot.

- « Je m'intéresse aux joueurs de Moolo en général, peu importe qu'ils soient griots ou non ! »

---

[38] Dondoorou (déformation de *Ndondoore* en fulfulde), il signifie le fantastique ; c'est l'air du Moolo de Dondu Gorba Dikko.

- « Majesté, permettez moi alors de vous signaler que je connais un autre joueur de Moolo qui n'est pas un griot. Toutefois, vous ne pouvez pas l'avoir entendu jouer dans votre palais, car il ne joue son *Moolo*, ni pour le pouvoir, ni pour la gloire. »
- « Comment s'appelle ton joueur de Moolo, demanda furieusement le roi, convaincu que ce n'était qu'un subterfuge du petit griot pour retarder son exécution ? »
- « Il s'appelle Sombo Soga. »
Le roi demanda alors qu'on aille lui chercher ce Sombo Soga. Deux impressionnants gaillards se portèrent volontaires pour cette mission, mais Baïdari, à dessein, s'imposa également comme troisième volontaire. Il se mit devant le petit groupe qui prit la direction de la maison des parents de Sombo. Baïdari cherchait l'occasion de parler seul avec Sombo, son ancien complice sans attirer l'attention de ses deux sbires.
- « Arrêtez-vous ici, dit-il à l'intention des deux gardes en rusant, il ne faut surtout pas que son hypocrite de père le fasse fuir par derrière. »
Baïdari continua seul en criant et en vociférant contre Sombo, feignant la furie. Il le retrouva sous la douche.
- « Sombo ! Tu vois, comme je te l'ai dit, c'est la fin de ta vie aujourd'hui, de la mienne et celle de Lobbo. Mais attention ! Le simple esclave que je suis ne doit pas assister au déshonneur des nobles que vous êtes. » Il ajouta : « Ne porte pas ton pantalon si tu finis de te laver. Porte juste ton pagne. »

Sombo Soga finit de prendre sa douche, il enfila son pagne, prit son sabre et porta son Moolo en bandoulière. Ses deux boubous sur la tête, il partit vers son père.
- « Père ! Père ! Je vais répondre à l'appel de notre roi. »
- « Sombo ! Mon fils, fais en sorte que l'on nous apprenne ta mort, mais pas ton déshonneur ! »
Il alla ensuite voir sa mère :
- « Mère ! Mère ! Je vais répondre à l'appel de notre roi. »
- « Sombo ! Mon fils, en toutes circonstances, préfère la mort au déshonneur ! »

Sombo se mit alors devant les trois cavaliers envoyés par le souverain en direction du palais du roi de Ségou, où était déjà agglutinée une foule nombreuse attendant son arrivée. Tout le pays était réuni ce jour là à Ségou. Juste à l'orée de la cité, Sombo demanda que les gardes lui permettent de s'habiller décemment.
- « Tu peux porter ton pantalon, hypocrite ! » cria Baïdari.
Il s'exécuta.

## LA VENGEANCE DU ROI

Tout le pays était réuni à la cour du roi. Tout le monde voulait connaître l'épilogue de cette histoire décidemment encombrante pour le roi et son image. Personne ne voulait se satisfaire du simple récit des témoins, tout le monde voulait être là. Les commérages allaient bon train. D'abord était-ce vraiment lui ? Et si c'était lui, quel châtiment allait-il subir ?
Á peine assis, le roi demanda à Sombo de jouer son Moolo, mais fidèle à ses principes, il refusa.
- « J'ai appris, dit-il, que vous exécutez les joueurs de Moolo, mais vous savez bien que c'est injuste de s'en prendre à eux. Un griot ne se rend pas chez quelqu'un à l'heure où vous avez entendu le Moolo. C'est moi qui étais avec vous et votre épouse malgré elle cette nuit. J'ai pensé que nous allions régler nos comptes sur le champ, mais vous n'avez pas voulu. J'avais dégainé mon épée que j'avais placée à côté de votre tête. Vous n'étiez pas endormi, votre épouse non plus. J'ai pris tout mon temps pour apprêter mon Moolo que j'ai joué au dessus de vos têtes. Vous n'avez bougé à aucun instant. Pourquoi alors vous mettez-vous à tuer des innocents ? »

Fou de rage et humilié que tous ses sujets aient appris l'histoire de sa nuit peu glorieuse, le roi explosa.
« Arrête ton discours, stupide enfant de Satan et joue ! Je veux entendre le son de ton Moolo. »
Sombo jura par tous les dieux que c'était lui le visiteur nocturne, mais qu'il ne jouerait pas. Les conditions n'étaient pas réunies. Pour cela il fallait que Lobbo soit là, car c'était elle sa source d'inspiration et la destinataire exclusive de son Moolo.
Le roi intima qu'on aille chercher Lobbo. La jeune femme prit sa douche et se para de tous ses atours. Elle se vêtit de ses plus beaux habits et vint s'asseoir à côté de Sombo qui la prit et la plaça sur ses genoux. Soudain retentit la mélodie du Moolo.
« *Sombo Soga un homme de parole,*
*Par Dieu, Lobbo, je suis un homme de parole !* »

L'affront était encore plus grave, pensèrent les gens qui commencèrent à s'énerver. L'atmosphère était lourde et la fébrilité gagnait tout le monde. Un silence de mort planait sur la cérémonie. Désormais, les spectateurs n'arrivaient pas à comprendre comment un homme pouvait être aussi stupide en effectuant un acte aussi grave au détriment de leur puissant roi. Quelle audacieuse arrogance, quelle bêtise ! Mais par Dieu, sur qui comptait-il pour s'en tirer !

Le roi finit par définitivement établir la culpabilité de Sombo. L'air qu'il venait d'écouter était bien celui que l'inconnu avait joué avant-hier dans la chambre de sa femme. Mais comment fallait-il le punir ? Quel châtiment serait à la hauteur de la gravité de sa compromission ? Le roi décida de mettre à contribution l'imagination de l'assistance pour lui proposer une idée de vengeance implacable, susceptible d'apaiser sa colère. Le public excella en atrocités les plus diverses.
- « Par Dieu, majesté, de mon point de vue, vous régnez sur sept cent quatre villages, qu'on le découpe donc vivant en sept cent quatre tranches, et que l'on emporte un morceau dans chaque village. Ainsi il sera enterré sept cent quatre fois et on aura sept cent quatre tombes. Même cette solution n'est pas satisfaisante, elle peut, à défaut apaiser votre colère, la réduire. »
Le roi prit bonne note de cette proposition. Un autre leva le doigt pour demander la parole et expliqua que sa proposition constituait en une solution à vrai dire approximative, car il ne saurait exister sur terre un châtiment à la hauteur du crime commis. Il proposa néanmoins que l'on trouve un coiffeur qui disposerait d'une lame bien tranchante et d'une aiguille. Puis que l'on lui introduise l'aiguille dans une partie de son corps qui sera tranchée par la suite et que le coupable mangera. Ainsi, il dévorera progressivement son propre corps jusqu'à ce qu'il n'en reste plus rien.
L'intervenant conclut en reconnaissant que le châtiment qu'il proposait n'était pas non plus satisfaisant, mais qu'il pourrait apaiser la colère du roi.
Un autre voulait qu'on le couvre de paille et qu'on le brûle vif.
- « J'ai pris bonne note de vos propositions intervint le roi ! »
Les propositions étaient plus diaboliques les unes que les autres, chacun imaginant ce qui pouvait exister de plus machiavélique.

## LA RECONNAISSANCE DE L'AUDACE

Un peu à l'écart des gens, un vieil homme était allongé et observait la scène avec un certain détachement comme s'il trouvait peu d'intérêt dans les propositions présentées. On finit par remarquer qu'il n'avait encore rien dit depuis le début de la rencontre.

- « Et toi, là-bas, n'as-tu donc rien à proposer, lui demanda t-on ? »

- « Non, car aujourd'hui, il ne sied pas à un sage de prendre la parole. »

Le roi lui rétorqua que prendre la parole ce jour là était obligatoire, car c'était lui le chef tout puissant qui l'ordonnait. Tout le monde était donc contraint de s'exprimer, tous sans exception. Conscient du risque auquel il s'exposait en contrariant Ségoukoy, le vieillard se résolut à prendre la parole pour donner son avis. Son analyse fut des plus simples et reposait sur un principe : « Celui qui pose un acte audacieux ne doit pas être châtié, mais il doit plutôt être récompensé, et l'acte de Sombo Soga était des plus audacieux ». Le public s'était tu. L'assistance était cette fois-ci pétrifiée à l'idée d'une réaction brutale du roi. Comment proposer au souverain de récompenser l'homme qui venait de lui faire subir l'outrage le plus osé de son existence royale. Non, cette fois-ci, cela dépassait l'entendement !

Contre toute attente, le roi trancha.

- « Sage vieillard, c'est ta proposition que je vais adopter. Allez me trouver un boubou de valeur pour Sombo, car c'est un homme de valeur qui ne se dédit pas ».

C'est Baïdari qui alla chercher deux boubous précieusement conservés. Ils étaient plus scintillants que les rayons du soleil. On en habilla Sombo. Le roi demanda encore un cheval de valeur pour l'amant audacieux. Baïdari, le chef des gardes, complice volontaire de Sombo et de Lobbo, se précipita une fois encore. Il dit, par Dieu, qu'il savait où trouver un *Baray Kagnado*, le cheval *Ka* fou.[39] Le cheval avait quatre ans lorsqu'on l'échangea contre quatre-vingt bœufs et depuis lors il n'était jamais sorti de son écurie.

- « Mais c'est mon cheval des grandes occasions, réagit le roi ! »

- « Majesté, vous avez parlé d'un cheval de valeur. C'en est un, il est issu d'une race qu'on ne trouve plus en pays haoussa d'où proviennent tous les excellents chevaux. »

Le roi acquiesça et lança en direction de Sombo :

- « Sombo, voici un cheval pour toi, monte le ! »

[39] -*Baray Kagnado* est le nom du cheval ; c'est une expression peule qui signifie littéralement le cheval fou.

-*Ka* en zarma songhay est un cheval de robe blanche. On dit qu'il est très recherché par les rois.

Les esclaves l'aidèrent à prendre position sur le cheval royalement harnaché qu'il lança au galop, il le retourna et vint cabrer le cheval devant Lobbo. Il fixa sa bien-aimée dans les yeux, Lobbo le dévisagea également et fondit en larmes.
- « Ne pleure pas, car je ne partirai pas sans toi, ou alors on m'enterre ici. »
Le roi ordonna qu'on fasse monter sa diablesse d'amante sur le cheval et affecta Baïdari à leur service.
Á présent, les trois complices qui avaient ourdi leur complot contre le roi de Ségou se retrouvaient unis par la providence.
Telle est l'histoire de Sombo Soga, Lobbo Soga et de Baïdari.

# Sommaire

Printed by Books on Demand GmbH, Norderstedt / Germany